图书在版编目（CIP）数据

中国园林博物馆展览陈列/北京市公园管理中心，中国园林博物馆北京筹备办公室编著. — 北京：中国建筑工业出版社，2016.5
ISBN 978-7-112-19400-1

Ⅰ.①中… Ⅱ.①北… ②中… Ⅲ.①园林艺术—博物馆—陈列—中国 Ⅳ.①G269.269

中国版本图书馆CIP数据核字（2016）第083468号

责任编辑：杜　洁　王　磊
书籍设计：付金红
责任校对：陈晶晶　刘梦然

中国园林博物馆展览陈列
北京市公园管理中心　　　　编著
中国园林博物馆北京筹备办公室
*
中国建筑工业出版社出版、发行（北京西郊百万庄）
各地新华书店、建筑书店经销
北京圣彩虹制版印刷技术有限公司制版
北京雅昌艺术印刷有限公司印刷
*
开本：965×1270毫米　1/16　印张：15　插页：8　字数：512千字
2016年5月第一版　2016年5月第一次印刷
定价：248.00元
ISBN 978-7-112-19400-1
　　　（28671）
版权所有　翻印必究
如有印装质量问题，可寄本社退换
（邮政编码 100037）

中国园林博物馆 展览陈列

北京市公园管理中心
中国园林博物馆北京筹备办公室 编著

中国建筑工业出版社

编委会 Editorial Board

主　　任：郑西平　张　勇

副 主 任：杨　月　王忠海　程海军　李炜民　王鹏训　阚　跃

主　　编：李炜民　阚　跃　王鹏训

副 主 编：黄亦工　程　炜　薛津玲　祖　谦　李晓光　杨秀娟
　　　　　陶　涛　谷　媛　陈进勇

编 辑 人 员：（按姓氏笔画排名）
　　　　　丁雪竹　马　超　王　淼　王歆音　王霄煦　白　纯
　　　　　宁肖波　邢　兰　邢　宇　毕　然　吕　洁　朱　旭
　　　　　邬洪涛　刘　旭　刘宏晶　刘明星　李　明　李　鹏
　　　　　李　瑶　杨　庭　张　楠　张　满　张宝鑫　金沐曦
　　　　　孟　妍　赵丹苹　胥心楠　常福银　滕　元　潘　翔

资 料 统 筹：张宝鑫

图 片 摄 影：黄亦工　李炜民

序言 Foreword

众志玉成中国园林博物馆

定于2013年5月18日开幕的第九届中国（北京）国际园林博览会由于要创建史无前例的中国园林博物馆，早在2010年6月11日就启动了。市长郭金龙主持召开市政府专题会，审议并原则通过了园博会和园博馆的总体工作方案，明确北京市公园管理中心负责中国园林博物馆的建设、运营、管理。这种及早投入的策划有若"笨鸟先飞"，何况是只灵鸟，先下手为强。我著此序值2013年4月16日，正夜以继日地建设，以保证按期之优质完成。

中国数千年的园林文化，无论从实践或是理论而言都积淀了独特、优秀的中华民族园林传统，但却还没有相应的学科博物馆。加之风景园林已上升到一级学科，正需要建立一座以园林为主题的国家级专题博物馆以增强我国的综合国力。我作为一个本学科的教师和学者，耐不住心喜如狂，决心尽微薄之力把这项工作做好。但历史的机遇总是伴随困难而生的，欲玉成此事谈何容易。园林博物馆要体现中国园林的特色，"虽为人作，宛自天开"，"巧于因借，精在体宜"，"景以境出"和"景面文心"，以诗情画意创造空间，与时俱进地满足人民对园林综合效益的要求，博物馆室内名园展要与室外的景园合为一体，博物馆要融汇到自然山水的环境中去。承担设计的必然是建筑设计与园林设计的联合体。两个不同的设计学科要合一地思考和设计是很难的，要靠磨合，可时间又有限，两者从混合到融合是艰巨而不可少的历程，总之，中国园林博物馆偌大的任务，唯"博采众长"，集多方面的力量拧成一股绳才能完成。最后的成果是超出我原来的想象的，功归介入此工程的所有人员，我在此表示最诚挚和崇高的感谢，感谢你们为人民长远、根本的利益做出了汇滴水为川的无私贡献，功在千秋。

在党中央的感召下，市委常委会确定了组织机构方案，住房和城乡建设部副部长仇保兴、北京市副市长夏占义任园博馆筹建指挥部指挥，市公园管理中心郑西平、张勇任筹建办主任并由中心总工李炜民任筹建办常务副主任，负责日常筹建工作。他们共同贯彻了科学发展观，动员专家、群众共同玉成园博馆，上下一心，有志者事竟成。

科学发展观就是实事求是，更加客观实际办事，对于年老、行动不便的老专家他们采取登门家访的方式，到北京吴良镛院士、孙筱祥教授、余树勋研究员和上海程绪珂老专家家中进行专访。专家评议会请了城市规划界宣祥鎏、文物古建界罗哲文和园林专家等有关方面的专家把关，还拜访和邀请了含国家历史博物馆在内的各类型博物馆的专家出谋划策，认真评议，可以说每走一步必以专家指导为基础。

在征求中国园林博物馆的设计方案阶段，有各联合体的八个方案应征，都很规范地展出了文字、图纸和模型。八个方案都倾注了认真的精力，思路各异而各有千秋。在公平合理的专家评议中选出两个优胜方案，其一为北京建筑设计研究院和北京中国风景园林规划设计研究中心联合体的方案设计一，其二是深圳市建筑设计研究总院有限公司和深圳市北林苑景观及建筑规划设计院有限公司联合体的方案设计五。方案一立意"理想家园，山水静明"，特色是"漂浮的屋顶，消失的外墙"的意向和整体感强的观感。在馆和山水环境融合方面下了功夫。方案五在因山就水的环境中强调了"负阴抱阳"的传统、在中国园林特色"景面文心"方面下了功夫并用景物表现。布局是庭馆贯穿，由分而合。市委书记刘淇、市长郭金龙、仇保兴副部长原则同意在专家推选优秀方案基础上吸收其他方案优点尽快深化完善。由方案一执笔优化调整，承担单位根据数次专家评审的意见和建议反复修改，不厌其烦，每改必有获，直到大家认为已做到尽可能的美为止。执笔人运心无尽、精益求精的创新精神是值得赞扬的。新材料、新技术、新形象，给人"似曾相识又不曾相见"的传统时代感，成功地实践了"时宜得志，古式何裁"的传统理法而又有所创新。其"借山于西、聚水于南、三面围合、一轴渐变"的布局要领较之于初衷是很明显的进步。进步何来，来之于众，博采众长、精于合一。

园博馆的外形和内在的内容是相辅相成的，共同的任务是展品的保存、陈列展览、科学普及、科学研究、爱国主义教育和文化教育，并于中得到"赏心悦目"的物质和精神的享受。犹如以皮包囊，皮从囊起，囊因皮存。专家们第二项审议的内容就是中国园林博物馆的展陈大纲。这个难点在于大家平日并未对此项共同研究，对中国园林文化艺术发展史和中华民族传统的艺术理法缺少交流，很可能出现难统一的分歧。由于筹建办请北京林业大学园林学院和北京市公园管理中心共同制定展陈大纲的讨论稿，并按此做出形象的展陈设计令观者一目了然，充分准备的基础为专家审议创造了方便的条件。大家各抒己见、共同论证，通过反复论证终于得到基本统一的认识，共同确定了室内展园以扬州、苏州、广州三个地带城市的名园，尽可能在室内条件下忠实于原作，对室外展园则因地制宜地分析地宜，借地宜造园，各园皆请本地的能工巧匠负责设计、施工和管理。这是比较科学的和符合中国传统理法的。可以尽可能彰显中华民族文人写意山水园的独特风韵和魅力，"花木情缘易逗，园林意味深求"。

伴随施工队伍进场就进入施工阶段了，施工是实现设计意图的，施工中还涵施工设计，设计人员到施工现场配合。第一环节是设计、第二环节是施工、第三环节是管理。在项目论证阶段园博馆是"心中之馆"，设计完成以后转向"眼中之馆"，施工将设计化为空间形象成为"历身之馆"，养护管理再玉成尽可能完善之生活空间和园林空间。

中国园林博物馆开幕，我们要感谢全部参与人员所付出的辛勤劳动，世上少有绝对的美满，多是做到尽可能的美满。众志玉成的中国园林博物馆以艰苦、智慧铸成尽可能的美满。我们工作中也必然会有不足和过错，诚挚地欢迎大家批评指正，园博今日之成也是融入中国梦之始，与时俱进的积累汇入中国梦。"从来多古意，可以赋新诗"，为了表达我对致力于本馆全体人员的感谢和祝贺，不顾浅陋作七言以释情怀：

永定河西鹰山东　园博融汇山水中

灰瓦金顶蕴紫气　博物洽闻诗意浓

孟兆桢 于北京
2013.5.18.

永定河西鹰山东园博融
滙山水中灰
瓦金顶蕴紫
气博物洽闻
诗意浓

中国园林博物馆闻馆号卷

癸巳年四月初九

孟兆桢 撰书

前言 Preface

一、项目概况

中国园林博物馆是中国第一座以园林为主题的国家级博物馆，以"中国园林——我们的理想家园"为建馆理念，承载着人类对理想家园的美好愿景，旨在弘扬中国优秀传统文化，系统展示中国园林悠久的历史、灿烂的文化、多元的功能和辉煌的成就。

中国园林博物馆是第九届中国（北京）国际园林博览会的一个重要组成部分，2010年6月11日，北京市政府决定由北京市公园管理中心负责筹建、运营和管理。历时两年零九个月，攻克了规划方案、建筑施工、学科梳理、大树移植、山石叠放、庭院复建、展览陈列等方面的复杂技术难题，按照"经典园林、首都气派、中国特色、世界水平"的建设目标，充分发挥北京市公园管理中心文物、植物、动物以及人力资源优势，举全中心之力矢志打造园林和文化精品。2013年5月18日，中国园林博物馆正式开馆运行。

中国园林博物馆位于北京市丰台区永定河西岸，鹰山森林公园东侧，占地面积65000m^2，建筑面积49950m^2。包括3个室外展区、3个室内展园、6个固定展厅及4个临时展厅，展览面积达到了2万余平方米。

二、展陈策划

博物馆展览陈列是在一定的空间内，以文物、标本及其他展品为基础，配合适当辅助展品，按一定主题、序列和艺术形式组合成的，进行直观教育和传播信息的展品群体及相关内容。

展览陈列决定着中国园林博物馆建设的质量和特色。策划主线紧紧围绕"中国园林——我们的理想家园"这一建馆理念，追求博物馆展陈内容与园林环境完美融合，用具有生命特征的元素来诠释中国园林博物馆与一般的博物馆的不同，突出博物馆的文化气息和园林的典雅精致。在中国园林博物馆的展览陈列中，以展厅、展园、公共空间为实体，以数字沙盘、幻影成像、4D影院、多媒体展示与互动为虚体，将博大精深的中国园林浓缩在展陈空间及环境的营造中，达到馆园合一、人与天调的境界。

三、工作流程

中国园林博物馆筹建过程中，展陈工作主要分为三个阶段：第一是方案策划阶段，第二是展陈大纲与展陈文本编制和展品征集阶段，第三是展陈设计和布展施工阶段。

第一阶段，从2010年6月13日接到中国园林博物馆的筹建任务开始，北京市公园管理中心就在北京林业大学园林学院前期策划，整合相关研究成果，梳理中国园林的学科体系及其发展历程，广泛征求社会各界意见，编制完成了《中国园林博物馆建设和展陈策划方案》初稿。2010年10月11日，召开了中国园林博物馆筹建指挥部第一次会议，审议并原则通过了该策划方案，明确了中国园林博物馆规划建设和展陈工作的基本方向，提出了"经典园林、首都气派、中国特色、世界水平"的建馆目标。

第二阶段，在对中国园林博物馆规划方案的深化过程中，认真研究中国园林的发展进程、艺术特征和文化内涵，结合对博物馆总体方案的分析，经过几轮修改深化，2012年5月20日，确定了《中国园林博物馆展陈指导思想与展陈体系》框架。在此基础上，由中国园林博物馆筹建指挥部办公室和北京林业大学园林学院为主体，组建了展陈大纲编制团队，《中国园林博物馆展陈大纲》初稿完成后面向全国广泛征集意见和建议，几易其稿，并先后在北京市规划展览馆、北京动物园畅观楼等地举办筹建方案、展陈方案成果展，征求住房和城乡建设部、国家文物局、北京市政府以及专家和社会各界的意见，同时启动博物馆藏品征集工作，在此基础上不断丰富展陈大纲内容，细化完善相关展陈内容，2013年2月16日，形成了中国园林博物馆展陈文本。

第三阶段，依据中国园林博物馆展陈指导思想和展陈大纲，2012年3月，中国园林博物馆筹建指挥部办公室开始面向社会公开征集展陈设计方案，由中标单位牵头深化完善展陈设计方案。鉴于工程的复杂性与时间倒排的硬性要求，2012年底分成四个标段按照相关程序面向社会公开进行展陈施工招标，并由中标单位负责深化设计方案，形成可实施的布展方案，并在场外开始进行加工制作。2013年2月17日相关单位正式进场施工布展，经过3个月的昼夜施工，6个固定展厅、4个临时展厅于2013年5月18日中国园林博物馆开馆之际完美亮相。

四、难点创新

中国园林博物馆筹建及展陈体系的构建，面临时间紧、展线新、文物少、藏品缺等诸多难题，特别是在没有周转场地的前提下，还要同时完成室内外展园环境的建设。面对重重困难与压力，北京市公园管理中心抽调所属各单位优秀人才组建了中国园林博物馆筹建指挥部办公室，团结一心，攻坚克难，以打造时代精品为目标，创造性地完成了中国园林博物馆的建设和展陈布展工作，取得了一系列创新性的成果。

1. 难点

以中国园林为主题的国家级博物馆，其建设和布展没有现成的经验可供参考，在展陈工作中只能通过调研其他专题类博物馆，聘请相关专业领域的专家咨询和指导，在参考和学习现有优秀博物馆展陈体系成功经验的基础上积极进行探索和创新。

从2010年6月13日正式接手中国园林博物馆的筹建任务，工作基础相当于一张白纸，从征地拆迁、立项可研、方案征集、资金申请、方案审定、文本编写，到藏品征集、工程招标、布展施工等只有不到三年的时间，在毫无博物馆建设相关工作经验的前提下，要达到"经典园林，首都气派，中国特色，世界水平"的建馆目标，在第九届中国（北京）国际园林博览会开幕之际完美亮相，其难度可想而知。

2.创新

第一，展陈空间的园林化营造。园林是空间的艺术，是自然与人文、环境与艺术结合的完美融合，中国园林源远流长，博大精深，在有限的建筑空间内浓缩展示建设一座有生命的博物馆，充分展现中国园林的内涵和本质特征，是博物馆筹建中重点考虑的问题，也成为中国园林博物馆展陈体系的主要特色。

第二，园林学科的体系梳理。2011年风景园林学被列为一级学科，标志着风景园林行业从国家层面得到了充分重视和认可。在中国园林博物馆的筹建过程中，通过联合北京林业大学以及相关领域专家学者，系统梳理中国园林发展脉络，整合相关园林研究成果，针对关键技术难题开展相关课题研究，保证了展陈工作的顺利完成。

第三，高新技术运用。中国园林博大精深，内容丰富。筹建中国园林博物馆，面临如何全面反映不同地区园林精品，同时园林相关文物少等现实问题。针对这些问题，在采用传统展陈手段的基础上，大量采用现代化高科技展陈手段，立体展示不同区域的经典园林，增加博物馆的科普性和互动性，有效弥补了实物藏品不足的问题。

第四，经典园林再现。基于文献资料和现存的园林实例，在室内展陈、室内展园和室外展区中按1∶1的比例，以传统手法再现了南方不同流派的经典传统私家园林、北方私家园林，成为中国园林博物馆最具特色的完整展品。同时以大量场景、模型等形式再现了部分能代表不同历史时期中国传统园林文化特色的经典园林。

第五，经典藏品的征集。文物藏品是博物馆赖以存在和发展的物质基础和前提条件。在博物馆的筹建中，本着依靠行业、面向社会的原则，采取收购、拍卖、捐赠、复仿制等多种途径，征集到秦汉时期画像砖、瓦当、封泥等园林文物3000余件，以园林为主题的外销瓷400余件，圆明园全盛时期1∶150立雕模型、42米长巨型硅化木等经典藏品若干，形成园博馆独具特色的藏品系列。

第六，造园技艺与园林文化。传统的造园技艺与丰富的文化内涵是中国古典园林的精华，为此设置两个专题展厅，在技艺厅重点展示传统园林建筑、园林植物、山石等园林要素运用和营造技术，在文化厅重点展示园林和传统绘画、戏曲、书法、文学等密不可分的关系，诠释了多元的园居生活。同时在室外展区将传统园林中山石技艺、建筑形式、植物配置等进行实地组合展示。

第七，数字技术与4D影院。运用大量的数字技术与影像再现，制作国内首个城市绿地系统数字立体沙盘，将全国不同城市绿地系统进行展示；制作"梦幻园林"4D影片以及数字园林影片，通过多组互动数字游戏，诠释"中国园林——我们的理想家园"的建馆理念。

中国园林博物馆展览陈列组织与策划

领导关注

中国园林博物馆的建设和展览陈列得到住房和城乡建设部、国家文物局以及北京市各级领导的重视，在筹建中先后举办的多次建设与展陈成果展览中，各级领导亲临展览现场，提出了指导性的意见和建议。

住房和城乡建设部、北京市委市政府领导审查规划设计和展陈策划方案成果展

国家文物局领导观看展陈成果汇报展

中国工程院院士孟兆祯观看展陈成果汇报展

实地调研

2011年3月~2012年5月,中国园林博物馆筹建指挥部办公室组织相关工作人员对北京、南京、苏州、上海等全国部分博物馆进行实地调研,对陈列展览、展陈体系及运营管理等内容进行实地考察。

赴上海调研园林藏品

赴国家博物馆调研

征求意见

在中国园林博物馆展陈指导思想确定以及《中国园林博物馆展陈大纲》编制的过程中，先后组织园林、文博、建筑、城市规划等领域的专家和领导，召开多次研讨会，并面向全国广泛征求意见和建议。

组织专题研讨会征求行业领导专家意见

赴成都、重庆征求意见

组织研讨

在编写《中国园林博物馆建设与展陈策划方案》和《中国园林博物馆展陈大纲》等工作过程中，组织了多次专家研讨会，就相关内容进行专题研讨，根据专家意见逐渐细化、完善了展陈体系和框架。

专家顾问组研讨展陈大纲

展陈大纲编制专家研讨会

展陈大纲专题研讨会

展陈大纲征求意见专题会

藏品征集

2012年4月23日，北京市公园管理中心组织召开藏品征集工作动员会，充分调动中心系统资源优势，同时面向社会开始藏品征集工作。2013年3月1日，住房和城乡建设部组织召开了面向全国园林系统的藏品征集工作会。截至中国园林博物馆开馆前，共征集到藏品5000件套，保证了室内展厅展陈布展的顺利实施。

中国园林博物馆展品征集工作动员会

中国园林博物馆园林藏品征集工作专题会

北京林业大学教授孙筱翔展示捐赠藏品

专家对拟征集藏品进行鉴定

科研课题

2012年4月，由北京市科委立项通过北京市公园管理中心和北京林业大学共同承担"中国园林博物馆展陈系统和相关技术的研究与应用"研究课题。该课题贯穿中国园林博物馆筹建的整个过程，形成了多项具有自主知识产权的相关技术，并应用于中国园林博物馆的规划、建设和展陈之中。

北京市科委副主任伍建民调研课题实施情况

专家咨询

在中国园林博物馆筹建指挥部办公室聘请的专家团队孟兆祯、宣祥鎏、张树林、崔学谙、耿刘同、李蕾等先生的指导下,联合李雄院长牵头的北京林业大学编写团队,合作完成了《中国园林博物馆展陈指导思想》和《中国园林博物馆建设和展陈策划方案》的撰写。在中国园林博物馆展陈策划和实施的各个阶段,众多领域的专家给与了详细指导。

孟兆祯

程绪珂

宣祥鎏

张树林

崔学谙

耿刘同

周干峙

李蕾

朱均珍

谢凝高

刘秀晨

佘树勋

 甘伟林
 谢辰生
 柯焕章
 赵知敬

 刘景樑
 陈向远
 郭晓梅
 陈为邦

 王东
 宋春华
 张光汉
 曹南燕

 柳尚华
 吴劲章
 施奠东
 胡运骅

目录 Contents

I. 展陈策划

总体策划 **018**
指导思想 018
策划原则 018
特色分析 020

展陈布局 **022**
展陈空间 025
布局规划 028

大纲编制 **032**
撰写要求 032
提纲撰写 034
大纲审定 039

文本撰写 **040**
总体要求 040
展项展品 040
展陈要求 042

II. 展陈实施

设计要求 **046**
设计原则 046
设计要求 047

方案征集 **050**

方案审定 **084**
方案特点 084
方案框架 085

展陈施工 **086**
施工准备 086
展厅施工 087
展园施工 088
展陈制作 089
文物布展 090

新技术创新应用 **092**

III. 展览体系

体系概况 **096**
室内展陈 **098**
中国古代园林厅 098
中国近现代园林厅 106
世界名园博览厅 114
中国造园技艺厅 118
中国园林文化厅 124
园林互动体验厅 129

室内展园 **132**
苏州畅园 132
余荫山房 138
片石山房 144

室外展区 **150**
塔影别苑 150
半亩轩榭 156
染霞山房 162

IV. 藏品撷珍

场景沙盘 170
特色展品 178
典藏珍品 208
植物展示 214
动物展示 226
山石展示 234
园林建筑 236

I.
Exhibition Planning
展陈策划

总体策划

中国园林源远流长，博大精深，具有悠久的历史、灿烂的文化、多元的功能和辉煌的成就，是传承与展示中国优秀传统文化的重要载体。中国园林以其深厚的哲学思想、丰富的文化内涵、多彩的艺术形式和高超的技术水平在世界园林体系中独树一帜，承载了人们诗意栖居的理想，被誉为代表东方文明的有力象征。

中国园林博物馆是中国第一座以园林为主题的国家级博物馆，以"中国园林——我们的理想家园"为建馆理念，是为公众服务的公益性永久文化机构，具有展示、收藏、科研、教育、服务等基本功能，是收藏园林历史见证物、弘扬中国优秀传统文化、展示中国园林艺术魅力、研究中国园林重要价值的国际园林文化中心，以广大市民、中小学生和国内外旅游者为主要服务对象，并兼顾专业工作者。

指导思想

中国园林博物馆的展陈指导思想为：以中国历史和社会发展为背景，以中国传统文化为基础，以园林文物及相关藏品为重要支撑，以展示中国园林的艺术特征、文化内涵及其历史进程为主要内容，着重展现中国园林精湛的造园技艺和独特的艺术魅力，将中国古典园林、当代园林成就和园林未来发展汇于一堂，并辅之以国外园林艺术介绍，浓缩展示国内外园林精品。以翔实的资料、严谨的布局、科学的方法和现代化展陈手段充分展示中国园林的悠久历史、灿烂文化、辉煌成就和多元功能，体现园林对人类社会生活的深刻影响，并反映中国园林文化的研究成果，具有普及性和学术性双重使命。

策划原则

◆ **体现中国园林的本质特征**

中国园林博大精深，自成体系，中国园林博物馆在展陈环境的营造上，既要体现出中国园林"源于自然，高于自然"的特点，又要将组成中国园林的山、水、植物、建筑四大要素与展陈内容融为一体，成为真正具有生命的博物馆。

中国园林博物馆全景

◆ **体现中国园林艺术的多元性**

中国园林博物馆的一山一石、一砖一瓦、一草一木都要与文学、书法、绘画等相融合，每一件展品都应有丰富的内涵；通过对展品（展园）的故事化和趣味性的创新设计，使参观者从不同角度去感受生活、憧憬未来。

◆ **体现中国园林博物馆建馆理念**

中国园林追求人与自然和谐，在展陈体系中将体现可游、可赏、可居、可思、可享的传统人居文化，通过环境营造与琴棋书画、诗酒茶香、观戏赏景的完美结合，反映园林的生境、画境、意境，展示园林作为人类理想家园的本质和内涵，以引起参观者的心灵共鸣。

◆ **体现中国园林对世界园林的影响**

中国园林博物馆中将展示"虽由人作，宛自天开"的中国传统园林理论及创作实践，反映出不同时期对日本、朝鲜等亚洲国家和对欧洲国家在园林风格等方面所产生的重要影响，从而更好地体现中国传统园林文化的魅力。

◆ **利用现代科技对中国不同地区园林进行展示**

海纳百川与包容博学是中国园林博物馆展陈的出发点，利用现代化的展陈手段和科研成果，在展陈模式和展陈技术等方面结合中国园林的特点进行集成创新，尽可能体现中国园林的地区多样性。

特色分析

中国园林博物馆采取"实物展陈与互动体验相结合、文物展示与场景再现相结合、可控天然光与人工光相结合、传统展陈和数字技术相结合"的展陈手段，重点表现中国园林的历史发展进程、中国园林精湛的造园技艺和独特的艺术特征、中国园林深邃的哲学思想和丰厚的文化底蕴，全面展示传统园林的继承、创新和发展，以及中国现代园林发展在构建宜居城市中的基础性地位，展示中国园林在实现"美丽中国梦"中的作用，展示人们对理想家园的追求。

中国园林博物馆以室内展陈为主，以室外展区和室内庭园为辅，三者相互穿插、渗透，形成一个展陈整体；在采用传统展陈手段的基础上，强调展陈的科学性，兼顾趣味性、参与性、互动性的现代化展陈手段，突出具有季相变化和空间艺术特征的园林展品，体验人与自然和谐的园林艺术魅力；立足中国园林"天人合一"的哲学理念和"虽由人作，宛自天开"的造园技法，追求情境交融的文化体验，达到博物馆展陈内容与园林环境完美融合的境界。

中国园林博物馆规划方案鸟瞰图

展陈布局

中国园林博物馆总体规划方案以"理想家园,山水静明"为立意主题,背靠鹰山,延山引水,广植花木,构成了一处"虽由人作,宛自天开"的园林佳境。博物馆由主体建筑、室内展园、室外展区三部分组成。博物馆主体建筑主轴红色入口与金色屋顶体现了北京皇家园林的建筑特征,灰瓦白墙则浓缩了南方私家园林的建筑符号。主建筑正面以墙为纸,树石为画,勾勒出一幅中国传统山水画长卷。公共空间突出山水的理念,强化人性化设计,包括中央大厅、序厅、休息廊和四季厅等部分。各种园林要素在建筑空间内合理配置,营造出中国园林博物馆的独特布局和恢弘气势,成为独具特色的具有生命的博物馆。

中国园林博物馆正面

展陈策划 • 023

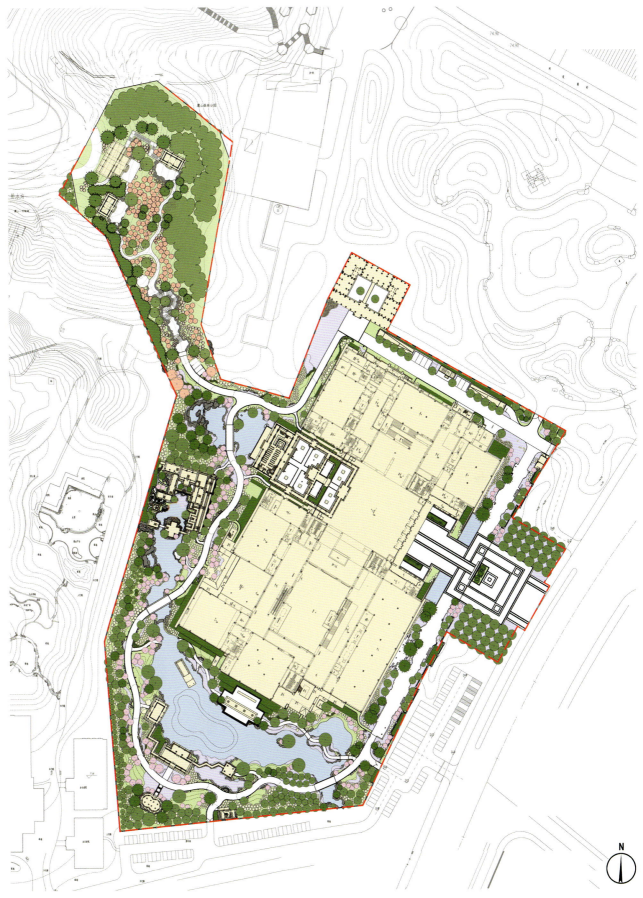

中国园林博物馆规划方案总平面图

博物馆主体建筑正面

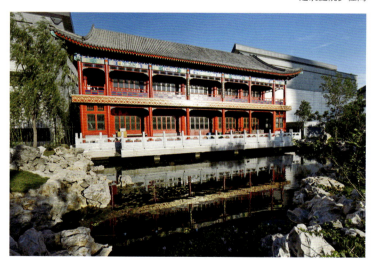

建筑庭院夕佳阁

建筑庭院内空间

展陈空间

展陈空间是博物馆建筑空间布局的重点和核心区域，是博物馆发挥其基本功能的主要场所，它包括博物馆建筑内部和外部所有直接或者间接用于展览陈列的相关空间。中国园林博物馆展陈空间的设置，充分考虑了园林内容的特殊性和博物馆展示的现实需要，将展陈空间划分为博物馆内部的公共大厅、序厅、展厅、展廊、室内展园和位于室外的展区等一系列空间。

园林是关于空间和生命的艺术，在中国传统造园活动中，空间处理是园林的重要特色之一。在中国园林博物馆展陈空间的营造中，综合考虑了展览陈列的具体内容，合理地采用园林空间布局的处理方法和技巧，营造出既有统一又富变化的展陈空间，形成具有浓郁园林特色的空间和意境，提升了园林主题展项的体验感和感染力，这在一定程度上也形成了中国园林博物馆区别于其他博物馆的主要特征。在博物馆公共空间环境的营造上，通过对传统山石、植物、水景及观赏鱼、水禽等园林构成要素的艺术组合展示，更丰富了展陈空间的景观层次和变化特征。

公共大厅整体场景

◆ 公共大厅

中国园林博物馆主体建筑的大厅，是博物馆中引导观众集散空间和第一印象展示空间，也是用来举办重大礼仪活动的场所。在这个空间内，根据博物馆展陈体系的总体策划以及藏品征集的支持，固定陈列了圆明园全景巨型立雕沙盘、再现了木海观鱼景观、突出展示了宋代遗石"青莲朵"等园林典藏展品，体现园林博物馆的特色。

◆ 展览序厅

博物馆的序厅布置在大厅两侧，是公众进入博物馆后引导其进入固定与临时陈列展览的区域。中国园林博物馆的序厅以"春山秋水"为主题，体现了园林虚与实、阴与阳的对比统一，在"春山"对面墙体用活体植物创作出蔚为壮观的园林山水画卷。

◆ 室内展厅

室内展厅是博物馆的主要展陈空间，包括6个固定展厅和4个临时展厅。在中国园林博物馆的展厅

固定展厅

内，以各种展示手段对园林藏品和辅助展品等展示内容进行艺术组合，以达到普及园林学科知识，展示园林历史、艺术、文化及其发展过程以及园林的多元功能的目的。

◆ **室内外展园**

室内外展园是中国园林博物馆独特的陈列空间，是具有生命的展陈空间，能够更好地体现园林的空间属性和生命特征，给观众提供体验中国园林艺术、文化、景观、休憩等综合功能感受。展园既是一件可进入的"展品"，同时又是博物馆中的园林环境。

◆ **公共展廊**

展廊是博物馆主建筑内连接各个展厅、室内展园等的通道。中国园林博物馆内充分利用这些廊道空间及其中的不同节点，展示各种主题的园林展品，设置为游客服务的各种设施，在满足博物馆服务功能的同时，也丰富和拓展了展览的内容。

室内展园余荫山房

布局规划

中国园林博物馆主建筑共分为两层,室内展园分别位于主建筑的一层和二层,复原了3座具有代表性的经典历史名园。室内展陈共分为6个固定展厅和4个临时展厅,分别位于博物馆主建筑的一层和二层,各展厅和室内展园之间以展廊相连接。室外展区位于中国园林博物馆主建筑的周围,在规划和设计中将主建筑与园林环境融为一体,渐变式地实现从城市到自然、从传统到现代的过渡。

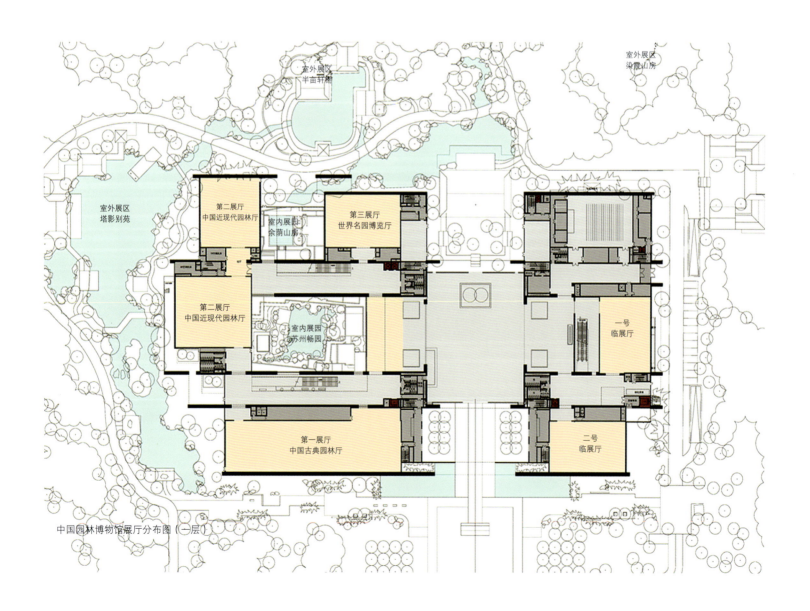

中国园林博物馆展厅分布图(一层)

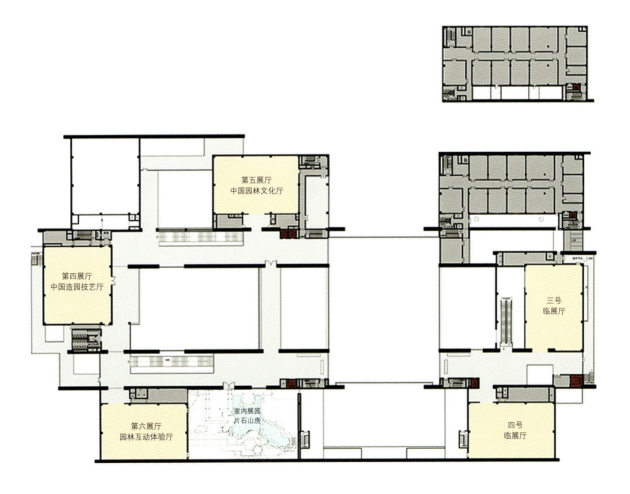

中国园林博物馆展厅分布图（二层）

中国园林博物馆展厅规划

分区		展厅名称	展厅面积（m²）	展线长度（m）	展品意向内容
展厅	基本陈列	展厅一：中国古代园林	1670	280	西汉南越王御苑遗址、无锡寄畅园、山西绛州衙署园等场景和沙盘展现中国古典园林特色，刖人守囿车、瓦当、封泥、碑拓、春苑捣练图线刻画石槽、《园冶》、《素园石谱》等展品
		展厅二：中国近现代园林	1505	300	清农事试验场、无锡梅园、城市绿地系统数字、泰山风景名胜区等场景和沙盘，刊载"实现大地园林化"的《人民日报》、北京市划拨42块土地用于公园建设的政府文件、北京市1958年总体规划图、陈俊愉院士手稿、园林名家访谈等展品
	专题陈列	展厅三：世界名园博览	650	140	"日本枯山水庭院"、"法国凡尔赛宫苑"、"印度泰姬陵"、"兰特庄园"、"纽约中央公园"等场景和沙盘
		展厅四：中国造园技艺	640	360	曲水流觞、大型冬景叠石、知鱼桥等场景和造园流程系列微缩场景
		展厅五：中国园林文化	805	180	红楼梦大观园藕香榭、昆曲牡丹亭、明代园林书房等场景，《芥子园画谱》、《紫光阁赐宴图》、北海塔山四面记碑帖等展品
		展厅六：园林互动体验	650	120	体验式4D园林影院、多媒体园林植物识别、园林建筑全息成像、造园技艺体验和未来科技园林等多媒体互动展项
	临时展览	一号临展厅	650	160	园博会期间举行"蕴奇藏珍——北京皇家园林藏品精萃展"，"绝世天工——清代'样式雷'园林图档展"，"瓷上园林——从外销瓷看中国园林的欧洲影响"
		二号临展厅	650	170	
		三号临展厅	650	150	
		四号临展厅	665	170	
展廊		一层走廊	6000	1200	硅化木、各地名园写真图片等
		二层走廊	6800	1360	园林体系展牌和各地名园写真图片
展园		一层展园	3680	—	苏州园林（畅园）、岭南园林（余荫山房）
		二层展园	900	—	扬州园林（片石山房）
		室外展园	—	—	染霞山房、半亩轩榭、塔影别苑

展厅展示内容意向

大纲编制

展陈大纲也称陈列展览大纲（陈展大纲）、陈列大纲，是博物馆展览内容的骨架，是展陈工作中的重要基础文件，也是展陈设计、展陈施工等的纲领性文件，高质量的展陈大纲是陈列展览成功的必备前提。展陈大纲作为框架性的基础文件，进一步深化后成为可供展览形式设计和布展实施的展览内容脚本（展陈文本）。

由中国园林博物馆筹建指挥部办公室和北京林业大学园林学院共同组成的大纲编制组，主要编制人员为园林、文物、博物馆等相关专业的技术人员，并聘请了顾问团队。

在展陈大纲的撰写过程中，首先确定了中国园林博物馆展陈指导思想，基于对中国园林丰富展示内容的考量，明确了展陈大纲和展陈文本的关系，在整合园林发展相关研究成果的基础上，细化完善了展陈体系和展陈框架，结合文物征集成果逐步丰富大纲中的展品内容。在大纲编制过程中在不同阶段广泛征求全国博物馆、园林等行业专家的意见和建议，反复修改完成了《中国园林博物馆展陈大纲》，为下一阶段展陈文本的撰写、展品征集、展陈设计方案等相关工作奠定了重要的基础。

撰写要求

通过深入探讨、梳理中国园林的发展历程和学科体系，结合对国家博物馆、首都博物馆、中国电影博物馆、上海博物馆、苏州园林博物馆等全国相关博物馆展陈大纲的研究和分析，确定了中国园林博物馆展陈大纲中的展览主题、结构框架、基本内容及重点展品等核心内容，明确了前言、各级标题、文物名称、结束语等各个部分的文字撰写标准和语言风格，以保证展陈大纲行文规范、用词准确、突出行业、富有特色。

◆ **语言风格**

陈列展览的语言风格由展览内容决定，应与博物馆的定位相一致，以满足相对应的观众群体需要。中国园林博物馆以广大市民、中小学生和国内外旅游者为主要服务对象，并兼顾专业工作者，因此展陈大纲编写的语言风格突出园林行业特色，兼具文化特色，同时采用轻松、通俗的语言风格，特色鲜明，简洁易懂。

◆ **标题文字**

通过广泛调研相关博物馆，明确了展览标题文字的基本要求，即在概括和凝练展览内容的基础上，增加标题文字的形式美感。

◆ **内容取舍**

根据前期确定的中国园林博物馆展陈指导思想和展陈体系，整合相关的权威文献资料，对馆内每个展厅的展览主题进行分析，明确不同展厅的展览主线和重点展示内容，并按照既定的要求进行合理选取。

◆ **展品选择**

展品是表现展览陈列内容的主要载体，是展陈大纲的核心组成部分，在撰写中国园林博物馆展陈大纲同时，确定园林文物藏品征集的几条原则：

符合陈列展览主题，与展览内容紧密联系

具有重要的展览价值，在园林发展中具有重要地位

展品在展厅的面积、高度、承重的范围内

符合园林专业特色，尽量全面，以丰富陈列展览内容

园林文物征集范围

分类	示例
园林书籍图档	园林档案、志书、文献、图纸、烫样、模型、报刊杂志、导游图、导游册、门票等
园林建筑构件	园林建筑夯土、砖瓦、木石琉璃构件、彩画等
园林影像记录	园林历史及现状照片、风光图片、影像资料等
园林碑刻拓片	反应园林历史、变迁、重大事件的石刻、碑志、拓片等
园林书法绘画	与园林相关的书画、名家等
园林室内陈设	园林建筑室内原状陈设物品：家具、文玩、帐幔、书画、匾额楹联、器物、工艺品等
园林室外陈设	赏石、石雕、铜雕、湖石等
园林材料工具	修造和养护园林的各类材料、工具
园林文化商品	各时期的旅游纪念品
园林主题类	园林主题的陶器、青铜器、瓷器、壁画等

提纲撰写

中国园林博物馆展陈大纲主要包括总前言（序言）、各展厅前言、各部分标题、各部分说明、文物名称、辅助展品名称、场景和沙盘等展项的内容及结束语，根据确定的统一标准撰写相关内容。

◆ **总前言**

展览陈列的总前言，或叫序言，是博物馆展览的引子，统领博物馆展览陈列的所有内容，是整个博物馆展览陈列的概述，位于博物馆入口处或在序厅内，通过阅读前言参观者可以了解陈列展览的基本内容，从而吸引观众进一步参观陈列展览。在撰写前言文字时尽量优美、精炼、概括。另外，考虑到观众参观陈列展览时的方便及舒适，前言的文字不能太多，经过专家反复讨论，中国园林博物馆总前言的字数最终确定在300字左右。

园林是自然与人文、环境与艺术的完美融合，是人类追求与自然和谐的理想家园。

中国是世界上园林艺术起源最早的国家之一，中国园林从商周时代"囿"的出现算起，至今已有三千多年的历史。

中国园林富有哲理与诗情画意，具有高超的艺术水平和独特的民族风格，是中华文化的重要组成部分，在世界园林史上占有极为重要的位置。她超越国度、超越时代，产生过巨大影响，被誉为世界几大文明之一的有力象征。

中国园林博物馆以"中国园林——我们的理想家园"为建馆理念，旨在展示和传承博大精深的中国园林艺术，弘扬优秀的民族传统文化，见证中华民族的伟大复兴。

◆ 展厅标题及前言

展厅标题以各展厅展览陈列主题为基点，对本展厅展览陈列内容进行浓缩、概括和提炼，同时体现展览陈列的类型和内容。

通过对博物馆展览主题的论证，确定了各展厅陈列展览的内涵和主要内容。在参考相关博物馆展览标题形式的基础上，广泛征求了专家意见和建议，各展厅的展览标题确定为八个字。

各展厅的展览标题

展厅	展览主题	展览标题
第一展厅	中国古代园林厅	源远流长　博大精深
第二展厅	中国近现代园林厅	传承创新　和谐宜居
第三展厅	世界名园博览厅	海外览胜　名园撷珍
第四展厅	中国造园技艺厅	师法自然　巧夺天工
第五展厅	中国园林文化厅	文心筑圃　诗情画境
第六展厅	园林互动体验厅	科普互动　体验园林

以中国园林博物馆的第一展厅"中国古代园林厅"为例，前言概括地介绍了中国古代园林发展的历史脉络、本质特征和重要地位等。

展厅展览标题与前言（中国古代园林厅）

◆ 子标题与文字说明

每个展厅的陈列内容都分成几个部分，各部分的名称作为展陈大纲的一级标题，每个展厅内部的一级标题的形式相对一致，但不同展厅则可以不完全统一，展览标题根据该部分陈列展览内容的特性来确定。一级标题下设二级标题，中国园林博物馆各展览的二级标题在风格上采用与展厅标题相同的风格，强调形式感，即采用八个字的形式浓缩概括本部分内容。

各部分一、二级标题下的文字说明是针对各展厅内各部分展览内容的诠释，从陈列展览内容的不同层次、不同角度进行阐述，力争突出本部分的内容实质与风格特色，与展陈大纲整体一脉相承。考虑到博物馆实际展陈观感效果，此部分文字字数保持在150～200字。

展厅内展览标题

展厅内说明文字

◆ 展项标牌

确定展陈大纲中不同展项的名称，包括展品、图片、场景、沙盘等。展品定名时根据现有的文物展品及拟征集的展品名单，按照相关的标准和规范进行。其中，自然标本按照国际通用的有关动物、植物、矿物和岩石的命名法规定名；文物定名时一般列出三个组成部分，即年代、款识或作者，特征、纹饰或颜色，器形或用途。

展品及其标签

◆ 结束语

结束语位于每个展厅陈列展览的最后，作为展厅陈列展览的总结与概括。对应每个展厅开始的前言，结束语与前言均采用中英文双语。

结 束 语

中国古典园林的产生和发展反映了先民对理想生活空间和精神世界的向往和追求，虽由人作，宛自天开。从先秦到晚清，中国古典园林经历了漫长的发展历程，以皇家园林、私家园林、寺观园林为主体，逐渐形成了独具特色的园林体系和异彩纷呈的地域风格，集中体现了中华民族"道法自然"、"天人合一"等哲学思想，以其丰富的内涵和卓越的成就，彰显了中国传统文化的独特魅力，在人类文明史上谱写了一部创造理想家园的灿烂篇章。

《中国园林博物馆展陈大纲》纲要

序言

第一展厅 中国古典园林厅
前言

第一部分：中国园林的生成
　　一、天地山川　园林寻踪
　　二、崇台峻基　苑囿之渐
　　三、宫苑伊始　华美恢弘
　　四、庄园孕育　私园初现

第二部分：中国园林的转折
　　一、道法自然　寄情山水
　　二、华林野趣　濠濮间想
　　三、宛若自然　归园田居
　　四、佛道影响　寺园一体

第三部分：中国园林的繁盛
　　一、宏大兼容　诗情画意
　　二、大唐宫苑　曲江宴集
　　三、士人清雅　山池之胜
　　四、参禅悟道　建寺名山
　　五、文化繁荣　海外传播

第四部分：中国园林的成熟
　　一、术业专攻　写意山水
　　二、文园兴盛　简远精雅
　　三、艮岳琼林　凤凰山色
　　四、燕山风月　琼岛春阴
　　五、园林寺观　公共游憩

第五部分：中国园林的盛集
　　一、城市发展　园林兴盛
　　二、移天缩地　北国江南
　　三、私园勃兴　百花呈艳
　　四、方外梵刹　人境壶天
　　五、园林渗透　人居雅境
　　六、匠心独运　名家辈出
结束语

第二展厅 中国近现代园林厅
前言

第一部分：中国近代园林的转型
　　一、西风东渐　文化交融
　　二、私园嬗变　中西合璧
　　三、政府主导　公园普设

第二部分：中国现代园林的繁荣
　　一、公园发展　日新月异
　　二、园林城市　规划建绿
　　三、风景名胜　遗产保护
　　四、教育科技　发展创新
结束语

第三展厅 世界名园博览厅
前言

第一部分：欧洲古典名园
　　一、意大利园　台地庄园
　　二、法国园林　规则布局
　　三、英国名园　自然风景

第二部分：伊斯兰古典园林
　　一、西班牙园　清雅静谧
　　二、印度园林　端庄典雅

第三部分：东亚古典名园
　　一、日本园林　禅境园庭
　　二、韩国园林　淳朴自然

第四部分：现代城市公园
　　一、美国园林　城市公园
　　二、德国园林　生态恢复
结束语

第四展厅 中国造园技艺厅
前言

第一部：园林造景立意
　　一、神仪在心　意在笔先
　　二、小中见大　咫尺山林
　　三、构园无格　组景有方

第二部分：园林造景技法
　　一、借景有因　浑然一体
　　二、欲扬先抑　曲径通幽
　　三、尺幅为框　取景成画

第三部分：园林基本要素
　　一、叠石摄山　尊崇自然
　　二、园林理水　动静相宜
　　三、植物配置　四时烂漫
　　四、园林建筑　因境而成
　　五、园林装折　画龙点睛

第四部分：传统造园流程
结束语

第五展厅 中国园林文化厅
前言

第一部分：园林与传统思想
　　一、儒家思想　比德山水
　　二、道家思想　壶中天地
　　三、禅宗思想　闻木樨香

第二部分：园林与传统文学
　　一、匾额楹联　园林品题
　　二、园林纪游　诗词酬唱
　　三、稗史小说　园林大观

第三部分：园林与传统书画
　　一、水墨丹青　亦画亦园
　　二、碑志题铭　园林法帖

第四部分：园林与传统戏曲
　　一、梨园肇始　流韵绵长
　　二、园林丝竹　山水清音

第五部分：园林与人居文化
　　一、皇苑胜境　帝王乐土
　　二、寄情山水　园居雅集

第六部分：园林文化交流
　　一、东方魅力　文化传播
　　二、博采众长　兼收并蓄
结束语

第六展厅 园林互动体验厅
前言

第一部分：中国园林畅游
　　一、华夏名园　身临其境
　　二、绿满城市　园林巡礼
　　三、风景名胜　虚拟神游

第二部分：园林体验互动
　　一、巧思妙想　造园体验
　　二、花木栽培　群芳争艳
　　三、科技园林　意动身随
结束语

大纲审定

《中国园林博物馆展陈大纲》初稿编制完成后，多次组织业内专家及博物馆专家进行专题讨论，几易其稿，形成了《中国园林博物馆展陈大纲》征求意见稿。期间，中国园林博物馆筹建指挥部办公室向全国各省、自治区住房和城乡建设厅，直辖市园林局以及城市园林主管部门及相关专家寄送《中国园林博物馆展陈大纲》征求意见稿200余册，广泛征求各地意见。收到各地反馈的意见500余条，在对所收到的意见汇总梳理后，对展陈大纲的相关内容进行了修改和完善，报指挥部审定。

文本撰写

展陈文本又可称为展陈脚本，在已确定的中国园林博物馆展陈大纲基础上，细化、完善、丰富相关内容，明确其中的展品、图版、场景及其相关说明文字，并提出相关内容的展陈设计要求，是展陈设计与实施必须遵循的"剧本"。

总体要求

◆ 明确展览目的和宗旨

明确博物馆的展览应该给观众传递哪些知识和内容，以便于展陈设计人员在进行展陈设计时，能够准确把握展览的主题思想。

◆ 明确展览的基本内容

确定需要展示的基本内容和范围，按照逻辑结构进行编排，形成清晰的展线结构，以免因逻辑混乱给观众造成心理和感知上的混乱。

◆ 分析展览的重点与亮点

突出展览内容的重点和亮点，以形成观众参观时的兴奋点与关注点。对实物展示、数字展示、模型展示、场景展示以及图板展示进行合理布局。

◆ 提出新技术展项要求

对多媒体影片、场景、沙盘模型等创作的学术依据和形象素材及其分镜头剧本策划，提出具体的要求，以确保二次创作的准确表达。

◆ 撰写不同部分的说明

按展览语言的要求撰写好单元主题说明、组主题说明和重点展品文字说明。文字要有感染力、启发性、引导性，以激发观众阅读的兴趣。

展项展品

◆ 展品说明

文物展品说明的撰写，基本要素包括展品名称、年代、出土地点、艺术价值、工艺特色等基本介绍，说明文字尽量阐述清楚该展品与园林的关系。一般展品的说明文字字数在100字以内。重点展品说明在字数上没有严格限定。

在中国园林博物馆的展陈体系中，场景、模型沙盘等也是重要的展项。在展陈文本中要明确这些展项所反映的主题与设计要求。

◆ **展签设计**

不同博物馆的展品标签材质、规格等各不相同，标签上的文字内容有简单也有复杂、有纯中文也有中外文对照。在借鉴国家博物馆、首都博物馆、上海博物馆等单位展品标签的基础上，确定了中国园林博物馆的展品标签设计形成。

◆ **英文说明**

为满足不同语言背景的人士参观中国园林博物馆的需求，展陈文本中对展厅名称、展览一级标题及说明文字、展品标签等均配上英文说明，翻译工作由专业翻译公司承担，由熟知英文的园林专家校对。

逨鼎乙

西周宣王四十三年（前785）
陕西宝鸡眉县马家镇杨家村窖藏出土
鼎腹内319字的铭文中，有对管治四方山林川泽官员逨的褒奖、赏赐、升迁的册命，并生动地叙述了在黎明时分，周天子（宣王）亲临宗庙宣谕的细节。
"山川林泽"是中国园林生成的源头之一，更是风景名胜园林的母体。逨鼎的考古发现，为中国园林史的研究提供了极为重要的文物依据，堪称约2800年前的国家最高"绿化奖章"。

展品说明文字样式

南越王宫苑曲水池（遗迹再现）

20世纪八九十年代在广州市相继出土了西汉南越王御苑的石池和曲流水渠遗址，考古研究证实了两者是一个整体，同属南越国宫御苑的园林水景，是我国现存最早的宫苑园林遗迹，在相当程度上反映了西汉时期园林的景观意象和造园水平。

场景文字说明牌

圆明园铜版画（复制品）

清代（1644－1911）
原件国家图书馆藏
清雍正二年（1724），郎世宁曾与法国传教士蒋友仁、王致诚等一起参与长春园内"西洋楼"的设计和工程督造，为装饰殿堂绘制了多幅作品。这组铜版画成为清代宫廷建筑绘画全新技法的代表作，也成为关于圆明园的重要研究资料。

中国园林博物馆展品标签

金银错兆域图铜版(仿制品)

Gold and Silver Line-adorning Copper Plate Graphic Design of Mausoleum

"上林"铭文瓦当（一组）

"Shanglin" Inscription Eaves Tile (One Set)

展品的中英文对照

展陈要求

为了方便展陈设计师准确理解相关展览内容，展陈文本在每部分的开篇对展览内容做出了相应的以下提示和要求：本部分的展览目的；本部分的主要内容；本部分的形象支撑材料；本部分形式表现的基本要求。

根据不同展厅的展览内容、展厅位置、展陈空间等特点，在展陈文本中明确了各展厅的风格特色：中国古代园林厅系统展示中国古典园林的发展历程，在展陈风格上以体现古典园林风格为主，展柜的处理和展览背景选择等方面考虑具有厚重历史感的外观和氛围；中国近现代园林厅展示近现代园林发展的辉煌成就，在展示风格上凸显近代和当代的风格，展柜布置与色彩选择应具有时代特征；世界名园博览厅重点展示国外名园的风采，在整体风格上明亮简单，融入雕塑、实景、装饰等国外元素，展示异域风情；中国造园技艺厅展示中国精湛的造园技艺流程，通过概念式、解剖式、案例式外观结合说明进行演示；中国园林文化厅展示中国园林深厚的文化底蕴，在风格上凸显浓厚的文化气息，以实物、场景、绘画等展示园林与各种文化要素的关系，营造园林文化氛围；园林互动体验厅突出现代科技手段的科普互动和身临其境般的园林体验，多媒体展项的设计简洁大方，操作方便，能够更好地吸引观众互动参与，并充分考虑少年儿童群体的特点。

中国古代园林厅风格

中国近现代园林厅风格

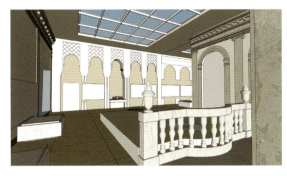

世界名园博览厅风格

中国造园技艺厅风格

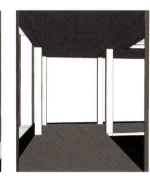

中国园林文化厅风格

园林互动体验厅风格

II.
Exhibition Implementation

展陈实施

设计要求

展陈设计是博物馆展览陈列中的重要环节，是依据展陈指导思想、展陈大纲和陈列展览的主题要求等，对陈列内容进行构思，确定陈列展览的总体要求、风格和形式，并运用各种艺术、科技手段有机地组合展品展示，它是科学、艺术与技术相结合的思维过程。

中国园林博物馆的展陈设计是在前期策划的基础上，以展陈大纲为依据，采用公开招投标的形式面向全国征集优秀展陈设计方案。展陈设计方案的征集分为两个阶段：第一阶段，组织专家针对应征的14家设计单位，通过对比招标文件要求、审查方案设计文本等程序，从中筛选出8家应征设计单位。对入选单位的展陈设计方案进行公开展示，经过专家组的评审，选择了4家设计单位进行方案深化设计；第二阶段，由第九届中国（北京）园林博览会组委会办公室与中国园林博物馆筹建指挥部办公室共同组织专家评审，在4家设计单位中确认1家设计单位中标，作为展陈设计的总包单位，在中标方案的基础上兼收相关设计方案的优点，继续深化、完善博物馆展陈设计方案，经专家评审后报经住房和城乡建设部和北京市政府审定实施。

设计原则

- ◆ 符合中国园林的艺术本质和文化特色，突出园林艺术的特色和亮点。
- ◆ 设计理念先进，空间布局合理，展陈方案对展示内容把握到位，重点突出。
- ◆ 室外景观、室内展园、园林场景、建筑内部空间和展陈内容巧妙融合。
- ◆ 展览形式整体创新度高，传统展陈手段和现代多媒体展陈手段的合理、适度运用。
- ◆ 在整体风格统一的基础上，根据展厅特点，设计各展厅的亮点和风格特色。
- ◆ 体现绿色、节能、环保等先进理念。

设计要求

◆ 以《中国园林博物馆展陈大纲》为设计基础，大纲中的核心部分重点突出；以展陈指导思想为设计依据，展项设计主题突出，与展陈内容协调统一。

◆ 陈列内容的总体框架要科学化、形象化、艺术化地表现；根据展览内容需要，展厅分为主展线（展线要顺时针方向，展板要由左到右、由上而下阅读顺序）和辅展线进行形式设计，展线顺畅。

◆ 合理运用高新科技手段，虚实结合，使观众参与区、场景、展品有机组合在一起，要使用成熟稳定的技术，并进行独创性的组合与创新。

◆ 展陈形式丰富多样，合理运用博物馆特有的展陈语言，根据内容设置适量的观众互动项目。

◆ 展墙、展柜结构以及线路、照明等须达到国家和北京市有关规范要求；根据内容设计特殊展柜，并与环境相协调。

◆ 材料和工艺选择应合理、经久耐用并符合文物安全及环境保护的要求，具有环保性和节能性。

◆ 各类展厅的设计风格既要各具特色，又要相互联系，营造富有园林特色的文化艺术氛围。

◆ 着眼于中国园林博物馆长远发展的需要，为持续发展的技术和项目留有空间。

◆ 展区、展厅、服务区需设置导向及安全等引导性标识，要求明确、便于识别；确保展区内展品的展示安全、确保参观人员的人身安全及建筑物本身的安全。

◆ 以建筑图纸和平面布局为基础，设计应充分体现建筑空间特色，充分发挥已有的建筑功能，使展览设计与建筑得到较好的结合，需提交的设计文件内容及要求见以下两表。

◆ 空调、消防工程由建筑设计单位完成，强弱电设计（二级配电箱以下）由展陈设计单位完成；展陈设计单位在设计方案中对需要与建筑设计单位衔接的部分进行细化和方案描述，并提出明确的需求（深度达到施工图纸可以衔接的程度）。

提交设计文件内容及要求

编号	设计内容	文件名称	内容要求
1	设计文件	设计说明	说明设计意图和思路
		展陈文本	在现有《中国园林博物馆展陈大纲》、指导思想、展陈体系和大纲框架结构下，用丰富的题材和内容深化《中国园林博物馆展陈大纲》，完善集展陈内容、展陈形式为一体的《中国园林博物馆展陈文本》。包括但不限于设计方案的总体及各部分说明；设计理念和方案特点；平面布局和展线的安排；展陈规划、展品策划的说明；展陈特色和艺术表现；观众参与项目设计的说明；采用的主要材料和设备；新技术、新设备、新材料的说明；展柜及特殊展柜的设计说明；照明设计说明；特殊文物保护设计的说明；偏离设计要求的说明；知识产权的使用情况
2	展品策划	编制"展品策划名录"	在现有大纲框架结构下丰富展品，"展品策划名录"的内容包括图片、实物、场景等展品
3	经费概算	设计方案的设计概算及说明	根据相关规定编制
4	图纸要求	设计"展陈方案"	依据《中国园林博物馆展陈大纲》相应的文本说明，做出相应的展陈设计方案，方案不少于6个展厅
		展馆总平面图	比例为1∶500
		各展厅平面布置图	比例为1∶200
		参观游览图	
		展厅主要立面图	比例为1∶200
		剖面图	比例为1∶200
		效果图	视点自定，每个展厅不少于3个重点区域展示效果图
		其他图纸	工艺及其他有关必要的图纸
5	展板要求		A0标准轻质展板，数量不超过20张，并用阿拉伯数字在图板的右下角排序编号
6	多媒体演示		多媒体演示电子文档（数字化模型）1套（光盘），使用VCD或PPT格式。演示时间在10min以内
7	文本文件		文本文件使用DOC格式（Office系列），PPT演示或介绍文件，图纸使用DWG格式（Auto CAD系列），不接受PDF格式文件
8	方案汇报		投标人向评审委员会介绍设计方案并针对专家所提的问题进行答疑，陈述时间为8~10min，答疑时间为5min

设计文件的递交形式

文件编号	文件名称	设计文件的递交形式与要求
1	A3图册（上册）	内容包括"展陈大纲文本说明"、"展品策划名录"、方案设计说明、设计方案的设计概算及说明等文字性资料。图册一式10份（正本1份，副本9份），规格为A3(300mm×420mm)
2	A3图册（下册）	内容包括方案设计的图和图纸性资料。图册一式10份（正本1份，副本9份），规格为A3(300mm×420mm)
3	电子文件（各2套）	电子文件光盘两套，设计方案文本文件为DOC格式文件，设计方案图形文件采用DWG格式文件，效果图为JPG格式文件
4	展板	投标人可从其设计的图纸中选出18～20张投标展出用图纸裱于A0标准轻质展板上，并应用阿拉伯数字在图板的右下角排序编号

室外展园效果图

方案征集

根据中国园林博物馆筹建工作的总体安排，2012年3月~2012年6月，中国园林博物馆筹建指挥部办公室组织并实施了中国园林博物馆展陈设计方案的征集工作。2012年3月21日，组织召开了中国园林博物馆展陈设计方案招标技术初审会，邀请园林、展陈、设计、博物馆等方面专家组成评审委员会，评审专家组在听取项目建设背景和投标设计方案的汇报后，观看了各应征投标单位提交的多媒体文件，审阅、研究了各单位提交的投标设计方案，认真讨论、分析了投标设计方案的优缺点。经过技术资格预审，推选出编制内容和深度符合招标文件规定与要求的8家设计应征单位承担中国园林博物馆的展陈设计方案深化编制工作。

8家入选设计单位：

方案一（A01）：金大陆展览装饰有限公司

方案二（A02）：北京天图设计工程有限公司

方案三（A03）：中国建筑设计研究院

方案四（A04）：深圳海外装饰工程有限公司

方案五（A05）：北京市建筑设计研究院

方案六（A06）：苏州金螳螂建筑装饰股份有限公司

方案七（A07）：北京清尚环艺建筑设计院有限公司

方案八（A08）：日林建设集团有限公司

展陈实施 • 051

展陈设计方案图

方案设计一

本设计方案在《中国园林博物馆展陈大纲》、指导思想、展陈体系和大纲框架结构下进行丰富深化,立足传统展陈方式,创新展示手段,借鉴国际先进理念技术,注重园林博物馆意境的营造;着力解决了建筑空间与展陈空间,展陈空间与展陈内容,室内外展园与室内展陈的三大关系;通过全方位体验与多层次空间,艺术地再现中国园林"天人合一"的哲学理念和"虽由人作、宛自天开"的造园技法,达到建筑、展陈内容与室外园林景观的和谐统一。

设计理念:六合寻梦

设计单位:金大陆展览装饰有限公司

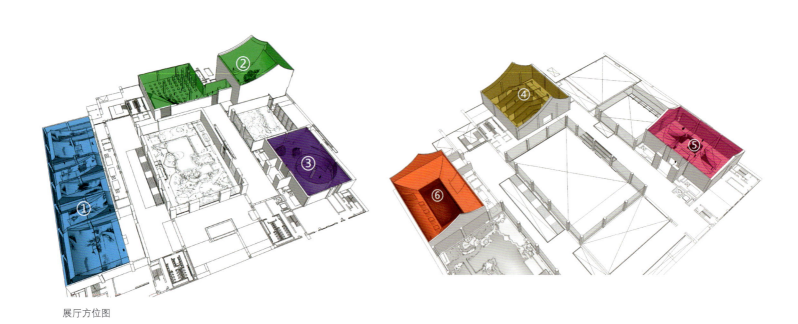

展厅方位图

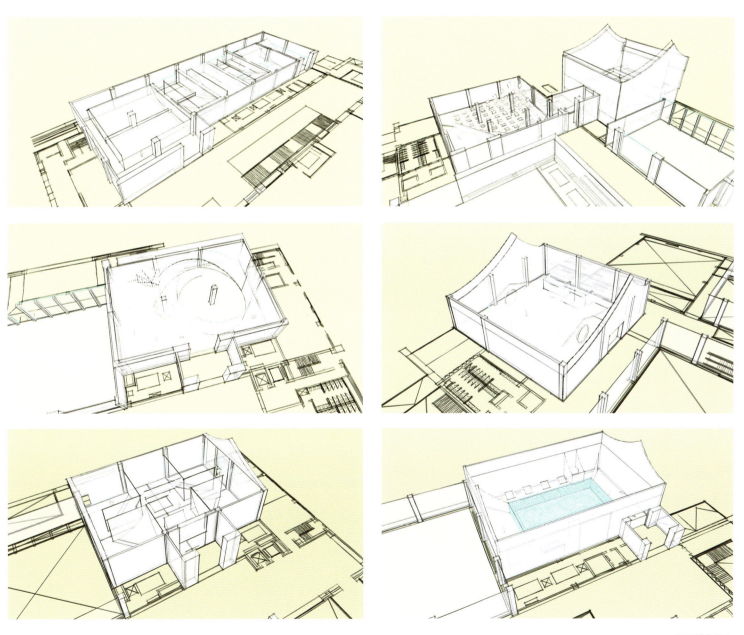

展厅概念意向

第一展厅　中国古典园林厅

第二展厅　中国现代园林厅

第三展厅　园林互动体验厅

第五展厅 中国园林文化厅

第四展厅 中国造园技艺厅

第六展厅 世界名园博览厅

方案设计二

中国园林博物馆致力于通过展示中国园林发展脉络，解析园林文化艺术，对比中外园林文化交融，以中国园林发展纵深为主，兼顾中西园林横向比较，全面、立体地展示中国园林。

整个展馆以既独立又相互联系的"圆"构成展览空间。每个展厅根据展陈大纲结构，划分出大小、高低、厚度各不相同的圆形空间，每个圆内集中展示实物、图版、灯箱、多媒体、沙盘、模型等内容，是展览的主空间，以围合为主。圆外与建筑之间形成"灰色"地带作为展览内容中场景的进深空间，是展览的副空间，以半围合为主；这个"灰色"的地带既是圆与圆之间的共享空间，又是室内与室外的交响空间。

设计单位：北京天图设计工程有限公司

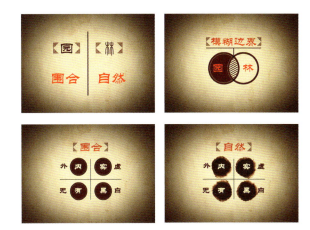

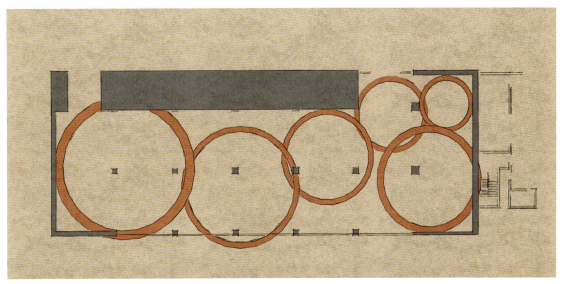

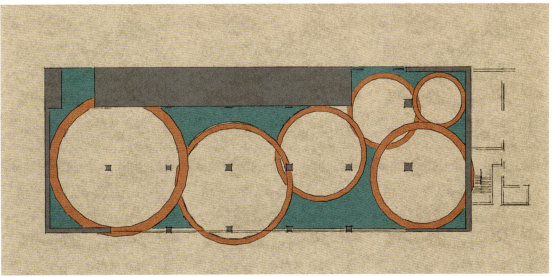

展陈概念分析图

第一展厅　中国古典园林厅

第二展厅　中国现代园林厅

第三展厅　园林互动体验厅

第四展厅　中国造园技艺厅

第五展厅　中国园林文化厅

第六展厅　世界名园博览厅

方案设计三

在解读园林艺术，领悟建筑空间，提出创新展陈设计理念的过程中，深刻体会中国园林博物馆展陈设计要务及指导思想，严格按照以中国历史和社会发展为背景；以中国传统文化为基础；以中国园林精粹为支撑；以展示中国园林艺术及历程为主要内容；以科普性及学术性为双重使命的设计原则进行方案构思。力求做到"绿色理念的提升"、"传统文化的传承"、"最新技术的应用"、"艺术观展的表现"的全面而有机的整合。这一整合过程概括为：

【运用"诗意空间"的设计语言】

【呈现"尊重历史"的展陈体系】

【获得"崇尚学术"的观展享受】

设计单位：中国建筑设计研究院

展厅鸟瞰图

第一展厅　中国古典园林厅

第二展厅　中国现代园林厅

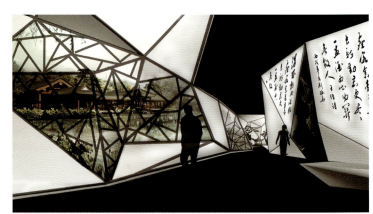

第三展厅　园林互动体验厅

展陈实施 • 063

第四展厅 中国造园技艺厅

第五展厅 中国园林文化厅

第六展厅 世界名园博览厅

方案设计四

本方案的构思立意来源于对中国园林文化的核心哲学思想的深刻理解；对中国园林造园手法及空间特色的分析借鉴；对国内外经典博物馆展陈设计案例的研究；对当代世界视觉展陈设计的观念与潮流的把握；对场地的空间尺度与流线关系的分析。

总体设计概念是体验中国园林，感悟天人合一；泼一轴山水长卷，游古园千年传奇；落数笔点线构图，赏新苑万里神韵；围几层地方天圆，承精深造园雅艺；引一带流觞曲水，普天人共融文明；铺多片异域净土，览世界名园魅力；拟万园虚实梦幻，筑吾民理想人居。

设计单位：深圳海外装饰工程有限公司

展陈概念分析图

体验中国园林，感悟天人合一

第一展厅　中国古典园林厅

第二展厅　中国现代园林厅

第四展厅　中国造园技艺厅

第三展厅　园林互动体验厅

第五展厅　中国园林文化厅

第六展厅　世界名园博览厅

方案设计五

本方案设计主题是"师法园林，幻化天趣"。中国园林步移景异，好似山水长卷，徐徐展开，博物馆建筑采用层层入画的理念，将观众引进展厅，展陈设计好比是作画，在这幅立体画卷之中，可观可游可憩。通过空间意境的营造、展品的景观式陈列、科技展项的创新应用，观众将沉浸其中，全身心地感受园林。

设计单位：北京市建筑设计研究院

第一展厅　中国古典园林厅

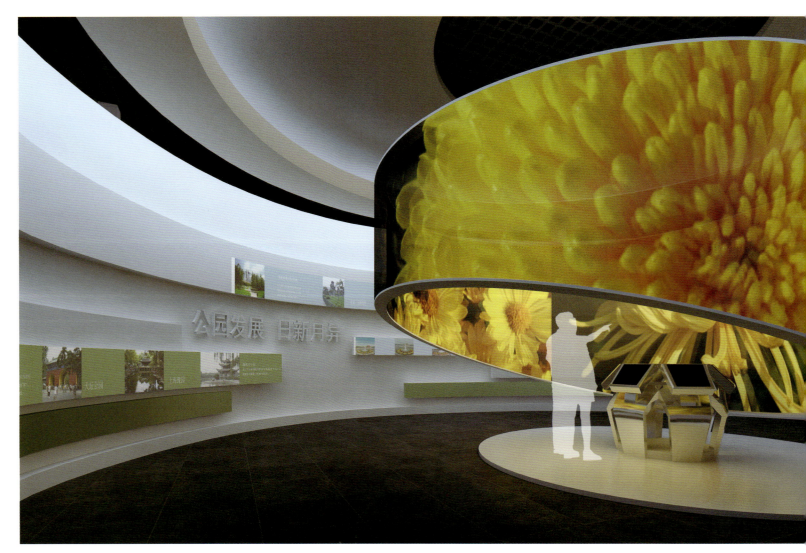

第二展厅 中国现代园林厅

第三展厅　园林互动体验厅

第四展厅　中国造园技艺厅

第五展厅　中国园林文化厅

第六展厅　世界名园博览厅

方案设计六

气势磅礴的皇家园林，曲径通幽的江南园林，叠石皴烟的岭南园林这三大主要体系构成了中国古典园林，社会经济的不断发展，现代园林的不断涌现及世界名园的发掘出现，如何将这些园林的文化、工艺通过巧妙的设计语言集中表现于展馆中成为首要解决问题。本方案以"不求惊世绝俗的光彩，但愿洗尽铅华之隽永"为主线，在现代空间里蕴含园林哲学理念，气势磅礴地体现了大气、庄重、自然、现代的空间形象。

设计单位：苏州金螳螂建筑装饰股份有限公司

展厅鸟瞰图

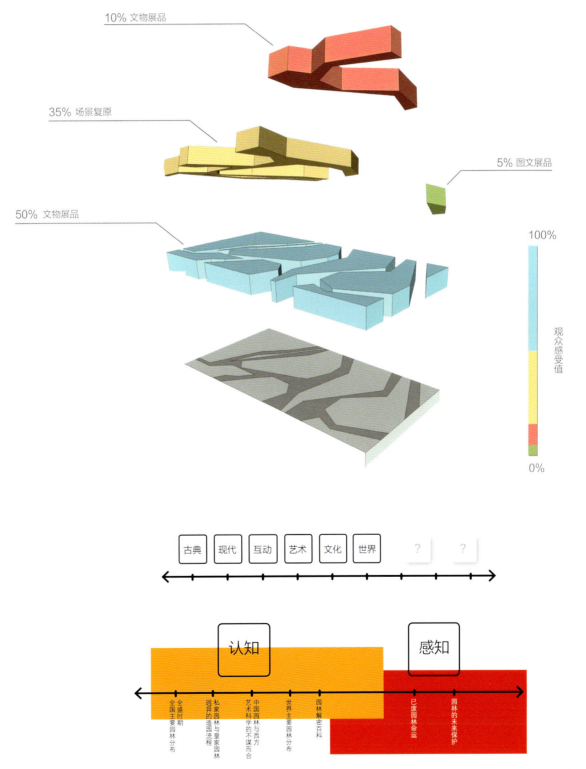

展陈方案概念分析

第一展厅 中国古典园林厅

第二展厅 中国现代园林厅

第三展厅 园林互动体验厅

第四展厅 中国造园技艺厅

第五展厅 中国园林文化厅

第六展厅 世界名园博览厅

方案设计七

本方案围绕"中国园林——我们的理想家园"这一建馆理念,以"认知、憧憬、感悟、探究、鉴赏"为核心,强调展览带给观众的一系列观展感受,并由此展示和反映中国园林悠久的历史、灿烂的文化、辉煌的成就和多元的功能,体现园林对人类社会生活的深刻影响,反映中国园林文化的研究成果,兼具普及性和学术性的双重使命。

设计单位:北京清尚环艺建筑设计院有限公司

展厅鸟瞰图

第一展厅 中国古代园林厅

第二展厅 中国近现代园林厅

第三展厅 园林互动体验厅

第四展厅 中国造园技艺厅

第五展厅 中国园林文化厅

第六展厅 世界名园博览厅

方案设计八

　　本方案以打造具有中国精神、世界眼光的展览，打造具有独一无二的原创性思想的中国园林博物馆为设计目标。以此为起点，创设出一整套新的陈列体系。设计理念是场景设计与文物展品并重的理念，与场景的综合精巧设计再造"博物馆内的园林"，以文物展品的精致表现还原园林的历史断面或细节。

设计单位：日林建设集团有限公司

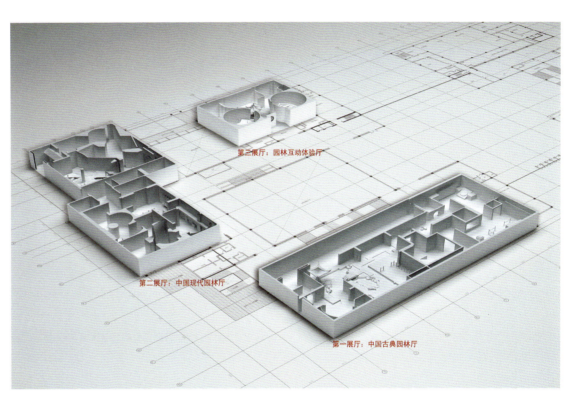

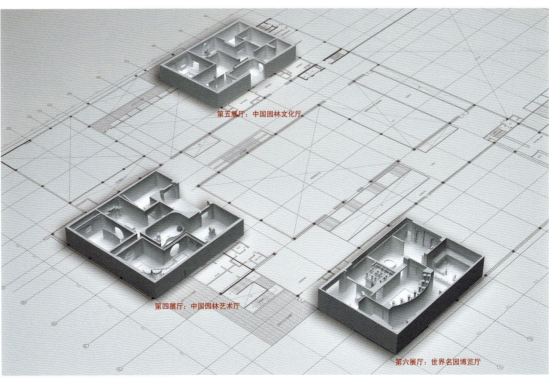

展厅方位图

第一展厅　中国古典园林厅

第二展厅　中国现代园林厅

第三展厅　园林互动体验厅

第四展厅 中国造园技艺厅

第五展厅 中国园林文化厅

第六展厅 世界名园博览厅

方案审定

经过对8家应征设计单位的展陈方案进行初步评审，评委一致认为设计方案基本满足了征集文件提出的设计要求，编制内容和深度基本符合招标文件的规定。评委通过二轮三次记名投票的方式选出4家优胜设计方案。4家优胜设计单位分别为：金大陆展览装饰有限公司；北京市建筑设计研究院；北京清尚环艺建筑设计院有限公司；日林建设集团有限公司。

入选展陈设计单位结合馆方及评审和顾问专家的要求，对入选的展陈设计方案进行深化设计。2012年6月，中国园林博物馆筹建指挥部办公室组织召开了中国园林博物馆征集展陈方案专家评审会，经过认真评审考察评议，推选出两个优秀方案报筹建指挥部审定。2013年1月23日，第九届中国（北京）国际园林博览会组委会办公室与中国园林博物馆筹建指挥部办公室联合组织召开中国园林博物馆展陈设计专家审查会，会议推选北京园林学会名誉理事长张树林为专家评审组组长，与会专家按照程序审议并通过了《中国园林博物馆展陈设计方案》。中国工程院院士、北京林业大学教授孟兆祯及来自北京、上海、天津、南京等地的专家参加了评审。

方案特点

◆ 师法自然——追求园林空间意境

借取园林的空间形式——庭院、回廊、厅堂、天井，及障、透、借等空间手法来创造丰富的展示空间，使空间更有层次而富于变化，在局部点缀山石、漏窗等园林小景。在展陈体系中合理引入展馆外的自然元素——自然光、园林景观，达到天人合一、物我两忘，让展厅也成为一件展品。

◆ 幻化天趣——浓缩光阴变化

园林大师陈从周曾说过"若园林无水、无云、无影、无声、无朝晖、无夕阳，则无以言天趣，虚者，实所倚也。"在中国园林博物馆部分空间场景中利用光影变化、影像互动等手法，浓缩时间变化，让观众在瞬间能够感受到园林的四时变化、四季之美。

◆ 以墙为纸，展品为景

"园以景胜，景因园异"，展品与博物馆之间存在同样的关系，中国园林博物馆的展陈构架宏大、内容丰富，展陈设计将逻辑的文本转化为直观的展示语言，让观众随之层层递进，看得清晰明了。展品陈列即以墙为纸，通过景观式的陈列让展品成为园中的风景。

◆ 虚实结合，互动游赏

中国园林可观、可游、可憩，让人放松，中国园林博物馆也应提供这样动静皆宜的趣味游程。在展陈设计中融入多项科技手法，超越物理空间的局限，创造无限的虚拟空间与互动体验，观众可以畅游华夏风景名胜、俯瞰未来山水城市，亲自动手设计自己的理想家园。

方案框架

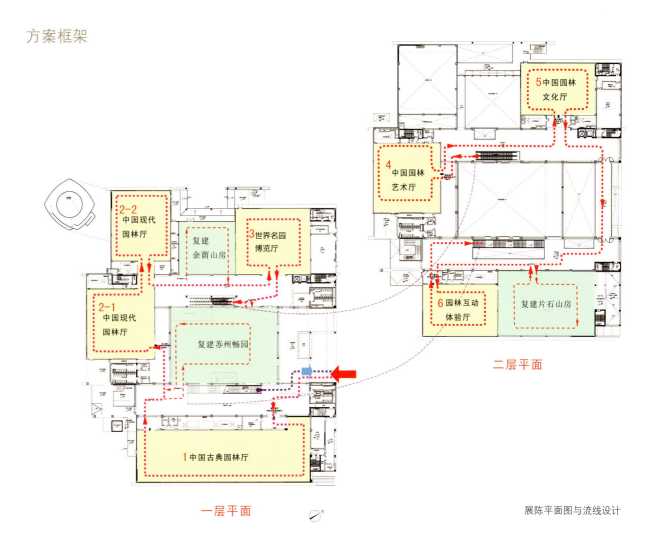

一层平面
二层平面
展陈平面图与流线设计

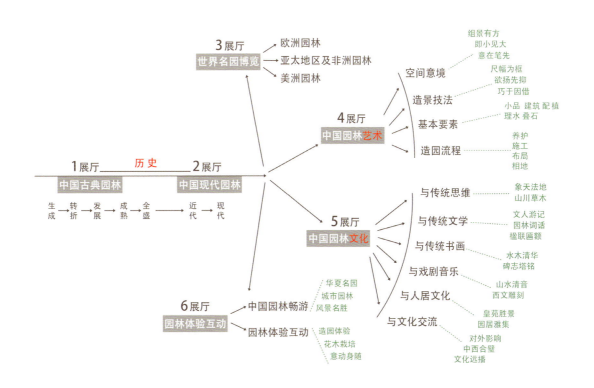

展陈架构示意图

展陈施工

施工准备

◆ 布展难度分析

首先，施工中面临的是工期紧张的问题。2011年8月20日，中国园林博物馆主体建筑工程奠基，2012年8月6日主体建筑百米钢梁一次吊装完成，2012年底主体建筑各展厅基本具备展陈工程进场条件，此时距园博会开幕仅剩5个月时间。2013年2月17日，中国园林博物馆筹建指挥部办公室组织展陈设计、施工、监理单位召开第一次展陈施工现场会，标志着中国园林博物馆展陈施工正式进入实质实施阶段，立下军令状3个月必须完成。

其次，是面临交叉施工的问题。展陈施工进场时，主体建筑施工处在工程收尾与设备安装的紧张调试阶段，现场不同的施工单位交叉作业，给展陈施工特别是施工安全带来较大的难度。针对现场情况，在反复细化展陈施工组织方案的同时，加大对现场安全、质量、进度的监管力度，统一指挥、统一协调各家施工单位，统筹安排不同工种的施工进度，从而保证了展陈施工的顺利进行。

第三，展品未梳理清楚影响布展进度。在编制展陈大纲和展陈文本阶段，展品征集工作也在同期进行，各类新增加的藏品不断整理并添加到大纲中。截至中国园林博物馆展陈文本定稿前，通过收购、捐赠、拍卖等多种途径，共征集到各类藏品5000余件，涉及文物、文献、档案、图纸、绘画、模型以及各类工艺品与复制品等。由于这些相关藏品、展品陆续到位，使得展陈文本、展线展品不断充实丰富，但客观上给布展等工作增加了难度。

◆ 工程招投标

中国园林博物馆的展厅展陈施工大体分为三大部分：一是装修工程，包括室内安防、技防、弱电与基础装修；二是多媒体制作，包括软件编程、硬件配置、短片内容等；三是展厅展项，包括场景制作、展览设施、展柜布展、平面展线等。

2013年1月22日~2月10日，中国园林博物馆筹建指挥部办公室组织实施了展陈制作工程的施工招投标工作。鉴于展陈工程时间紧、工艺要求高，在实际工作中将整个展陈施工工程分为四个标段：第一个标段为中国古代园林厅和世界名园博览厅；第二个标段为中国近现代园林厅；第三个标段为中国造园技艺和中国园林文化厅；第四个标段为园林互动体验厅。通过两轮评审，最终确定了北京保发津樑装饰

中国园林博物馆展览陈列设计与施工

展陈设计

在前期策划的基础上,以展陈大纲为依据,面向全国公开征集展陈设计方案,经过两轮的评审,确定了中标的展陈设计方案,多方征求意见,细化完善后在展陈方案专家审定会上通过了最终的展陈设计方案。

园博馆征集方案评审

展陈设计方案招标评审会专家

展陈设计方案招标答疑会

评审专家审看展陈设计成果

展陈施工

按照相关程序面向社会公开招标确定了展陈施工单位，确定施工组织方案，明确任务分工，经过了三个月的昼夜施工，包括6个固定展厅和4个临时展厅在内的基础装修、辅助展品制作、展品布展等工作顺利完成，中国园林博物馆展陈体系完整亮相。

北京市公园管理中心主任张勇检查展陈工程情况

圆明园全景沙盘现场摆放

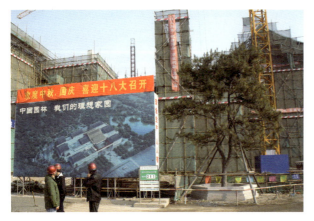

消息树

戏台施工

硅化木施工现场

硅化木搬运

辅助展品场外加工制作

展项现场制作

展览标题与文字制作安装

场景假山制作

场景现场搭建

辅助展项施工

互动展项施工

沙盘现场制作

展柜现场组装

展厅场景人物制作

展厅内建筑营造

展厅内特色展项施工

顾问组专家耿刘同指导文物布展工作

布展现场展品整理

展板放置

展品布展

室内展园苏州畅园施工现场

室内展园苏州畅园施工现场

室内展园余荫山房建筑营造

室内展园余荫山房英石堆叠

室内展园余荫山房灰塑制作

室内展园片石山房施工中的山石堆叠

室内展园余荫山房叠石

塔影别苑展区施工

塔影别苑展区石舫施工

半亩轩榭展区驳岸施工

染霞山房展区场地施工

染霞山房展区黄石假山堆叠

半亩轩榭展区园路铺设

工人小憩

工作人员就餐

中国园林博物馆举办"张树林从事园林工作50年"学术活动

北京市公园管理中心张勇主任接受上海市绿化和市容管理局陆月星书记捐赠藏品

拜访程绪珂先生

中国园林博物馆接受捐赠

采访余树勋先生

仇保兴副部长为园博馆颁发特别贡献奖

吴良镛先生为中国园林博物馆题字

廖静文先生为中国园林博物馆题字

国家文物局副局长、中国博物馆协会理事长宋新潮出席园博馆文化传承与发展论坛

中国园林博物馆筹建指挥部副指挥徐波出席园博馆文化传承与发展论坛

国家文物局博物馆与社会文物司司长段勇出席园博馆文化传承与发展论坛

中国园林博物馆举办文化传承与发展论坛

故宫博物院院长单霁翔在园博馆园林文化大讲堂演讲

上海博物馆馆长陈燮君在园博馆园林文化大讲堂演讲

观复博物馆馆长马未都在园博馆园林文化大讲堂演讲

华中农业大学副校长高翅在园博馆园林文化大讲堂演讲

三维技术复仿制铜狮

集成非接触式3D扫描技术和3D打印技术，无损伤地复制清代皇家园林中的固定大型文物。首先采用非接触式的三维激光扫描技术取代传统翻模工艺，以获取精确的文物原真性电子数据。借助于具有0.016mm扫描精度的三维扫描仪，清晰地记录下文物表面的细微之处。随后在模型制作环节，首次在大型文物复制时结合使用了新兴的3D打印技术和传统铸铜工艺。用高精度的3D打印机，利用采集的铜狮三维数据，先打印出树脂材质的模型来作为铸铜的母模。随后，采用传统翻模工艺在树脂模型上运用石膏、硅胶等材料制作铸铜模具，借鉴传统的"失蜡法"，经过压蜡、风干及蒸煮脱蜡等工序使蜡完全排出，最终形成了一个中空外壳，经过传统的铸铜工艺复制出了完全一致的铜狮。

颐和园排云殿前铜狮

进行3D扫描

3D打印制模

铸铜与加工

细部制作

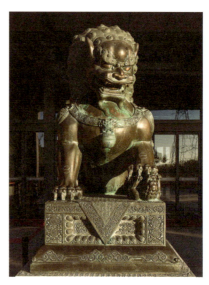

完成作品

工程有限公司、北京天图设计工程有限公司、北京清尚环艺建筑设计院有限公司和北京方略博华文化传媒有限公司中标。

◆ 编制施工组织方案与进场

各施工单位按照进度要求详细编制了施工组织方案，并制定了施工组织计划，为了确保在规定的时间内完成，合理排定了施工程序，尽量减少穿插与互相制约，同时对质量控制、进度控制、造价控制等方面加强监督，以保证展陈施工的顺利进行。中国园林博物馆筹建指挥部办公室严格监督施工组织方案的实施，每周组织召开例会与各专项协调会，及时协调解决各种问题，要求监理单位全方位监管，及时消除施工中的安全隐患。

展厅施工

◆ 展厅内加层

中国园林博物馆的主体建筑为坡屋顶，展厅室内局部的层高较高，为充分利用空间，增加展陈面积，在第二、五固定展厅中进行了加层处理，将展厅内部做成局部二层，拓展并丰富了展厅内部空间，提升了展示效果。

◆ 展厅装修

包括室内基础装修、电气空调系统、弱电安防系统以及空间装饰系统等，是营造展陈环境与氛围的重要内容。在各方通力配合与努力下，至2013年4月底，除展柜陈设外，大型场景、展陈设施、墙面图版、安防技防等各项工作基本完成。

◆ 弱电系统与照明

弱电系统是现代博物馆工程建设中的重要组成部分，它以合适的方式将机电设备系统、安防监控系统、计算机网络系统、通信系统的管理和控制集成起来，形成安全、便利、高效、舒适的空间环境。中国园林博物馆展陈施工中弱电系统主要包括安防、公共广播、多媒体展项、音视频导览等。

中国园林博物馆的建设强调展示绿色环保和生态理念，尤其是在展陈空间内有观赏植物和动物等代表博物馆生命特征的展示内容，因此照明设计按照安全可靠、经济适用、技术先进、节约能源、维

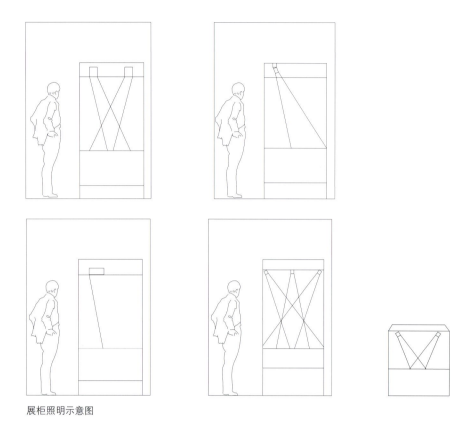
展柜照明示意图

修方便等要求，充分利用自然光，整体追求可控天然光与人工光相结合。展厅内的照明既保证向观众提供良好的视觉环境，又考虑展品的保护，将光学辐射对展品的损害减少到最低程度，同时还考虑了防眩光的要求，展柜照明采用红外辐射少的光源等，对于敏感材料或质地的文物展品，采用展品上加盖子、定期更换展品等保护措施。展厅中应用了感应照明系统，尽可能地减少光对文物的损害，同时还能起到节约用电的作用。根据安全规范在展厅内还设置了应急照明。

展园施工

◆ 室内展园施工

在室内展园建设中，为更好地再现复建园林的原貌，施工时邀请当地园林部门主持或参与复建庭院的设计，聘请当地的技术人员，选用当地施工材料和工艺，以充分展现当地园林的风格特色。苏州畅园施工时结合博物馆场地条件进行适当调整，对屋面高度、外檐装修的比例尺度、门窗、挂落、漏窗等细部纹样进行详细研究以提高复建品质，邀请苏州园林部门主持各庭院设计工作，方案设计和修改充分征求苏州当地园林专家的意见，施工由苏州园林部门组织，选用当地材料和工艺，邀请具有丰富经验的当地技术人员参与施工，以充分展现苏州园林特色；岭南园林余荫山房展园施工中采用典型的岭南传统古典工艺及材料，包括木构建筑的榫卯结构、木雕（含屏风、挂落、花罩）、灰塑、砖雕、石雕、蚝壳片（用生蚝壳打磨，压平作为窗的透光嵌件）、陶瓷琉璃花窗、传统陶土砖瓦及白土阶砖、彩色满洲玻璃花窗、铁艺工艺，以及水景、英石叠石造景、盆景、花木、家具、字画等；片石山房展园施工由扬州设计院及扬州园林古建发展有限公司完成，特别是900余吨山石堆叠由扬州叠山大师孙玉根操手，保证了复建工程的原汁原味，同时使中国传统园林完美地融入到现代混凝土建筑中来，建筑、铺装、油饰、瓦面等施工工艺全部采用扬州地区传统做法。

◆ 室外展区施工

在室外展区的施工过程中，选用北京地区传统园林植物，栽植时全部采用全冠苗木，均为带土球栽植，从而保证了苗木的成活和景观的快速形成。在塔影别苑和半亩轩榭展区施工中注意做好水体驳岸等的处理，染霞山房山地展园的施工中则采取多种措施保护水土，对原有的植被进行保护，采取改良土壤、客土作业等保障展园植物的正常生长。

展陈制作

◆ 展柜布置

展柜是现代博物馆中最传统也最为基本的展陈方式，根据展陈内容、类别和表现主题等，选择不同的展柜，可以合理规划和设计展示空间。中国园林博物馆各展厅选择展柜依据四项基本的要求：一是文物保护技术要求，二是文物安全技术要求，三是美学视觉效果要求，四是操作便捷的要求。在展厅中采用了固定展柜和活动展柜两种形式，固定展柜在展陈施工过程中采用框架和构件的现场组装，而活动展柜在场外组装完毕后运抵现场。

◆ 沙盘与场景制作

场景、沙盘因其直观的陈列形式在现代博物馆中有着不可替代的作用，经典园林的复原场景更是中国园林博物馆展陈系统研究的重要内容，合理地配置模型沙盘和各种复原场景能够丰富陈列形式、增强艺术感染力。在展陈实施过程中，对场景、沙盘模型、大型艺术品等项目采取了场外制作、现场组装的方式，从而节约了宝贵的布展时间。

◆ 辅助展品制作

辅助展品是构成陈列展览的重要元素，它形象、艺术地表达、烘托、渲染主题，调节陈列室的展示气氛，辅助展品既是展示内容的延续，也是艺术的再创造。

◆ 多媒体制作

中国园林的时空特性对展览陈列提出了更高的要求，而现代多媒体技术因其所具有的独特优势，使之能够体现中国园林这种时空变化的属性，因此，在中国园林博物馆展陈系统构建中研发了不同类型的展陈新技术，这些多媒体展项以艺术性、互动性的全新体验方式开启园林文化探索之旅，使参观者在实践中亲身感受园林魅力。在展陈实施阶段，按照不同新技术展项的特点，制作了适用于不同多媒体设备的多媒体文件，以展现不同的园林内容，如体验式4D影院中播放的4D园林影片、数字沙盘中不同城市绿地系统规划数据和信息、视频播放屏播放的园林宣传片和名家访谈、多点触控屏中的园林数字化信息以及多媒体场景中的音视频等。4D影院的动感主题影片围绕"理想家园，美丽中国"的主题，以数字和实景两种不同的艺术表达形式，拉开了中国园林历史长卷，展开一场唯美、浪漫的中国园林之旅。从影片的策划和脚本的撰写到影片的拍摄制作，紧紧围绕"中国园林——我们的理想家园"的建馆理念展开，突出展示古典园林的文化与辉煌成就，全面反映园林在今天建设宜居和谐社会中不可替代的重要功能；以中国园林博物馆的筹建为契机，采访了多位在园林发展中做过卓越贡献的园林名家，以制作多媒体的形式，保存并展示了珍贵的历史资料。

文物布展

◆ 准备工作

在前期工作的基础上，中国园林博物馆试运营之前进行了展陈工作的收官工作——文物布展。首先制定了详细的布展方案，明确了工作任务、工作流程、质量要求等。为提高效率，将参与布展的工作人员分成三个小组，分别负责中国古代园林厅和世界名园博览厅、中国近现代园林厅，以及中国园林文化厅和中国造园技艺厅。根据布展方案，三个小组的布展人员按照各自的任务分工，围绕安全、文物摆放等开展工作。在整个布展过程中，始终坚持征求专家组意见，以保证布展的科学性和合理性。

◆ 布展的基本要求

文物的点交与布展是展览中的重要环节，也是最关键的阶段。布展时严格按照文物有关规定，进行文物点交和文物摆放，不同质地的文物和展品，在布展过程中手持方法各有不同。依据展陈文本中确定的内容和相关要求，在合适的位置放置展品，在展品落位过程中严格遵守博物馆保管的相关操作规定。布展过程中及时采取安全措施，并确认柜壁悬挂图版等物品是否牢固，及时锁闭展柜。

在展品布置的过程中，各有关部门充分沟通和协调，在做好前期工作的基础上，明确了展品的搬运路线；展品的对位交接、运输、落位等各个环节，保证文物展品的安全；前期制作好的展品标签和说明文字，放入展柜内或其他相应位置；标签摆放时考虑方便观众参观，高度相对统一，标签与展品的位置合适，以符合不同观众的参观需要。

◆ 布置文物展品

2013年5月初，对展柜展线开始布展，一周内完成大量复制品与近现代实物藏品摆放。2013年5月9日，召开文物和展品布展工作的最后一次协调会，明确了文物藏品交接、布展的各项流程，明确了各展厅钥匙分管、展品验收、展台就位等实施方案与责任人。由中国园林博物馆筹建指挥部办公室统一指挥，各展陈施工单位配合，确保文物展品安全。经过三昼夜的紧张工作，包括临时展览在内的10个展厅于2013年5月12日全部布展完成。

◆ 布展完成

2013年5月12日，中国园林博物馆开始全面综合运营调试，进行各展厅的预展，检查展览陈列和设备运营中出现的问题，及时发现及时修正与调整，经过5昼夜不间断运行，确保了5月18日中国园林博物馆以最好的状态完美亮相。

新技术创新应用

在中国园林博物馆的展陈实施过程中,在合理使用展柜、场景和沙盘等常规展示手段的基础上,不断研究并集成使用参与式、互动式的现代新展陈新技术,提高了展陈效果。

◆ 数字沙盘技术研发

城市绿地数字沙盘互动展示系统是中国园林博物馆展陈系统和相关技术研究的重要成果,是中国首个权威城市绿地系统信息的集成平台,是3D GIS技术在数字展示领域的全新应用范例。数字沙盘集成了现代信息技术、计算机技术、网络技术、"3S"技术、通信技术、系统集成技术、信息安全技术和数字展示技术,是一项综合性、精密性并重的系统工程。它既要求各软硬体模块之间的严格兼容与逻辑自洽,以保证系统运行的平稳可靠,也要求具备一定的开放性和弹性,以满足展示内容个性化需求并提供内容扩展与更新的功能。

◆ 造园体验多媒体互动展项

该展项通过图像识别技术(增强现实)、园林场景的三维渲染、采集并合成图像、图片的浏览与打印等复杂的技术手段实现。观众可以通过旋转位移标识与虚拟对象进行空间互动或者通过输入设备(鼠标,触摸屏等)与虚拟物体进行功能展示、动画效果、文字说明等互动,虚拟体验造园的乐趣。

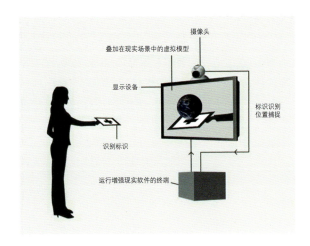

造园交互系统示意图

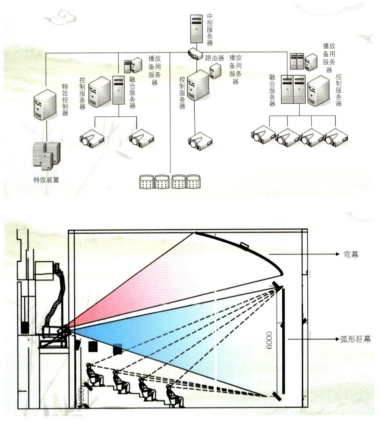

4D影院设计示意图

- ◆ 4D影院施工与主题影片制作

容纳60名观众的沉浸式4D影院，以国际领先的4K巨幕电影为主要形式，结合其他多媒体手段，通过动态、色彩、声、光、电、味道等效果，使观众如身临其境，切身感受到园林之美。相比较于其他类型影院，这种4D动感超宽屏环幕影院，具有沉浸感强的超宽弧幕、双播放系统、效果逼真、系统稳定性强等特点和优势。影院运用两台双镜头院线投影机做立体融合，并提高画面质量，由中控主机控制设备开关机，能够顺利播放影片并切换备播系统。

- ◆ 园林植物识别多媒体展项

该展项是园林植物的展览展示系统，包括设置在展示空间内侧壁上的信息查询显示屏，设置在展示空间内顶壁上的图像显示屏，分别与信息查询显示屏和图像显示屏电连接的处理器。展项能够有效解决现有园林植物展示过程不能很好地实现与参观者互动等技术问题。

III.
Exhibition System

展览体系

体系概况

中国园林博物馆的展览体系由室内展园、室外展区和室内展陈三个部分组成，力求体现中国园林的本质特征、发展历程、厚重文化、多元功能、价值取向以及源于自然高于自然、"虽由人作，宛自天开"的造园技艺。通过室内展园与室外展区让参观者切实感受不同风格流派的造园艺术，通过植物、动物等活的展品，实现建设一座具有生命、最为美丽的博物馆目标。

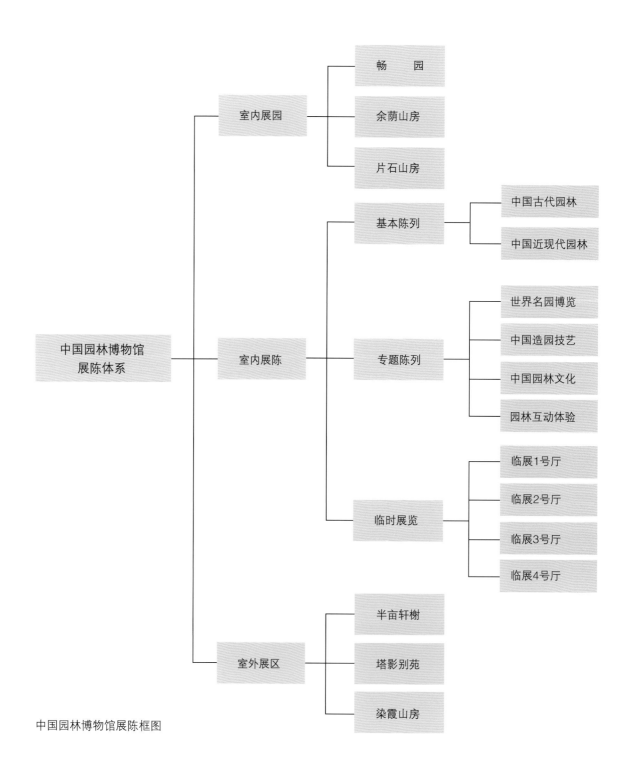

中国园林博物馆展陈框图

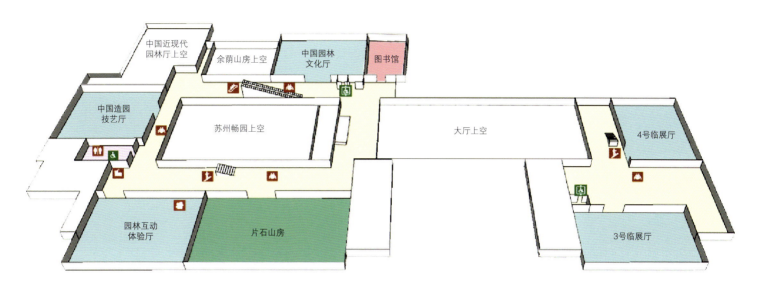

园博馆二层区域平面图

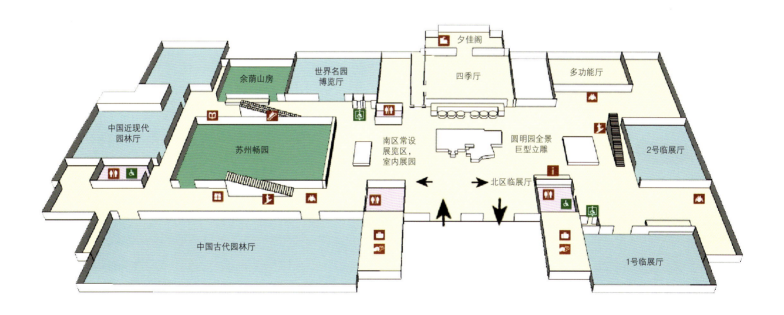

园博馆一层区域平面图

室内展陈

中国园林博物馆的室内展陈，分为基本陈列和专题陈列，基本陈列作为博物馆的重要内容，展示的是中国园林的发展历程，分为中国古代园林和中国近现代园林两部分，而专题陈列则从不同角度深入解析园林体系，分为世界名园博览、中国造园技艺、中国园林文化和园林互动体验四个部分，这些展览内容按照相应的主题分别位于中国园林博物馆的六个固定展厅中。

中国古代园林厅

位于中国园林博物馆室内的第一固定展厅，展览主题为"源远流长，博大精深"。此部分展览内容以史为线，系统展示中国园林三千多年的发展历程。分为中国园林的生成、中国园林的转折、中国园林的繁盛、中国园林的成熟和中国园林的集盛五个部分。通过实物、图版、场景复原等展陈方式，营造古朴厚重的展陈空间。

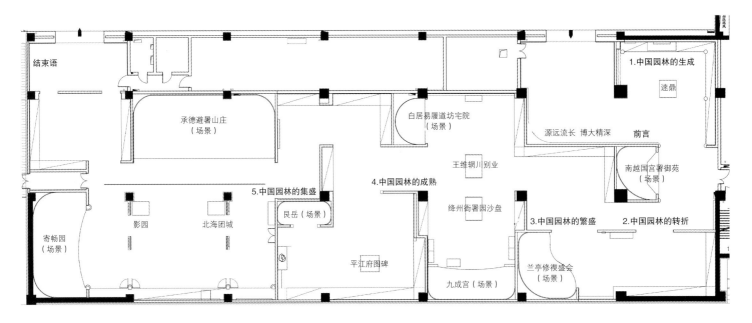

展厅平面图

展厅鸟瞰图

展厅入口实景

◆ 中国园林的生成

中国园林起源于商周秦汉，从萌芽、产生到逐渐成长，历经千余年。这一时期，造园活动虽规模较大，但演进变化较为缓慢。

◆ 中国园林的转折

东汉、魏晋南北朝是中国园林发展过程中承前启后的转折时期。这一时期佛教传入、道教出现，诸家思想的活跃促进了文化的繁荣与多元，"园林"一词开始出现。造园活动不再追求宏大的规模，造园手法趋向于写实与写意相结合，取法自然得以充分体现，初步形成了皇家、私家、寺观园林体系。

◆ 中国园林的繁盛

隋唐时代,由于经济、文化的持续繁荣,园林创作达到了一个高峰时期。皇家园林的"皇家气派"已经完全形成,寺观园林更加世俗化,私家园林向文人化的园林方向发展。以诗入园、因画成景的做法在唐代已渐成熟,并影响了日本、朝鲜等海外园林的发展。

◆ 中国园林的成熟

两宋时期,文化更加繁荣昌盛,科学技术长足进步,促成了园林艺术的全面发展,中国古典园林的风格完全成熟。这一时期,以宋徽宗为代表的皇家造园和民间文人造园并行,叠石、理水、植物、建筑等造园技艺全面提升,园林创作更加重视意境和内涵。从这一时期的山水画与诗词歌赋可以看出,文人园林的发展最为突出,并且影响到皇家园林、寺观园林的风格,艮岳就是这一时期的杰出代表。

◆ 中国园林的集盛

明、清时期是中国园林发展史上的又一个高峰，从康熙始至乾隆时达到极盛。这一时期，帝王的南巡北狩，从塞外到江南，促进了皇家园林、私家园林和寺观园林的文化交流与繁荣。园林形式更加丰富，造园技艺更加成熟，出现了一批不同地域、风格迥异的园林作品，留存至今的许多历史名园被列为世界文化遗产。这一时期造园家和园林论著集中出现，成就了中国古典园林的辉煌。

中国近现代园林厅

展览主题为"传承创新,宜居和谐"。系统展示中国近现代园林的发展过程,全面展示新中国成立以来中国园林在保护传承、创新发展、服务民生过程中的辉煌成就。分为中国近代园林和中国现代园林两个部分,通过图版、实物、多媒体等展陈形式,营造近、现代风格的展陈空间。

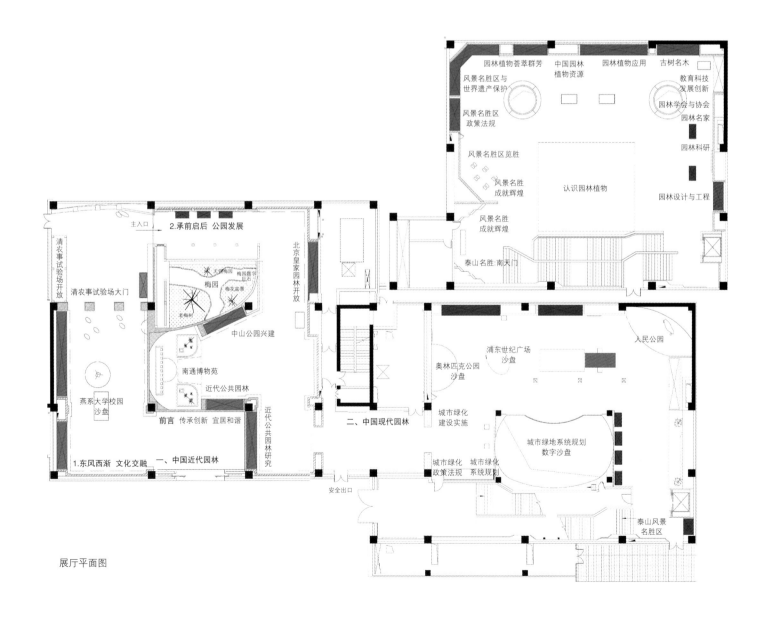

展厅平面图

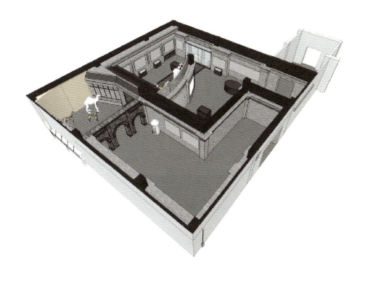

展厅鸟瞰图

展厅入口实景

◆ 中国近代园林

受社会变革和西方文化的影响，中国近代园林具有了古代园林向现代园林发展过渡的特点。这一时期古典园林陆续向公众开放，政府开始兴建公共园林，出现了"中西合璧"园林和西方风格园林等不同类型的新型园林。

◆ 中国现代园林

1949年中华人民共和国成立后，毛泽东主席发出"绿化祖国"、"大地园林化"的号召。伴随着广泛的旧城改造和新城建设，园林绿化纳入国民经济发展纲要与城市总体规划建设之中。以北京为例，建国初期曾一次性划拨42块土地用于公园绿地建设。各地兴建人民公园和解放公园等，成为改善城市面貌、人民当家做主等新时代的标志。1978年改革开放后，第三次全国城市园林绿化工作会议召开，各地园林建设蓬勃开展，园林的功能不断提升，内涵不断扩大，文化不断丰富，类型不断多样，园林成为改善人居环境、维护城市生态安全的重要基础设施。2001年国务院召开了全国城市绿化工作会议并下发了《国务院关于加强城市绿化建设的通知》，园林建设进入大繁荣、大发展时期。

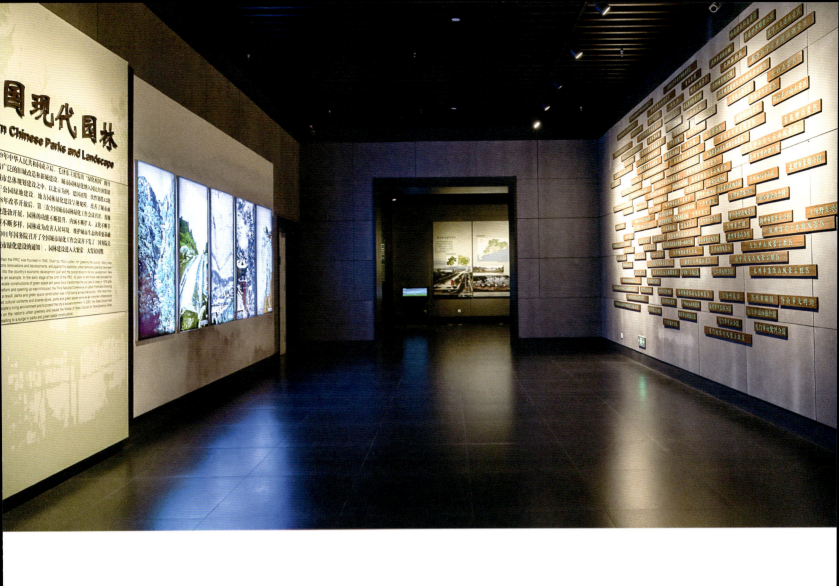

世界名园博览厅

展览主题为"名园览胜、海外撷珍"。展示代表欧洲、亚太地区及非洲和美洲等不同地区和不同风格的世界名园精品，感受园林作为世界不同区域文明代表的魅力。通过场景、模型、图版等展陈方式，营造明快简洁的展陈空间。

展厅鸟瞰图

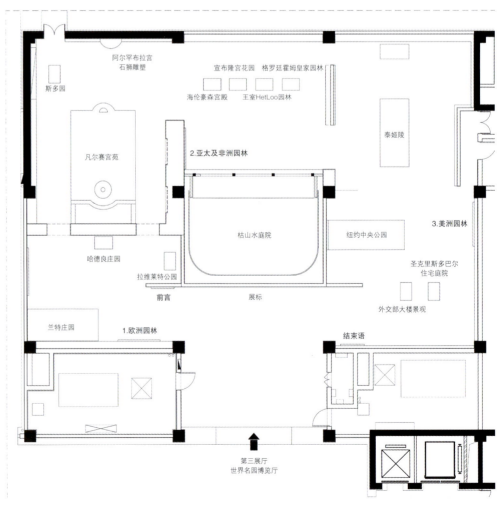

展厅平面图

◆ 欧洲园林

在园林发展历史上，意大利文艺复兴园林、法国古典主义园林和英国风景式园林影响了西方的园林艺术风格与发展。近代涌现出许多著名的风景园林师和园林作品、理论，对当代世界园林发展的走向产生了重要的影响。

◆ 亚太地区及非洲园林

亚太地区的园林由于地域、民族文化等因素影响，决定着出现东方、伊斯兰以及欧洲三大园林风格体系不同作品。

非洲拥有着独特的自然风光和人文风情，是世界上动植物多样性最为富集的区域，其代表形式为国家公园和自然保护区。

◆ 美洲园林

以纽约中央公园为代表的近现代园林问世以后，掀起了一场城市公园运动，对西方城市园林建设产生十分重要的影响。

南美洲拥有世界最大的热带雨林，使亚马逊流域成为世界上最神秘的"生命王国"，南美洲的园林具有自己独特的风格。

中国造园技艺厅

展览主题为"师法自然，巧夺天工"。展示中国古典园林的造园思想、造园理论、造园技法和技艺流程，解读中国园林的艺术特点和独特魅力。主要通过案例解剖、实物模型、场景、电子屏等展陈方式专题解读中国传统造园技艺。

展厅鸟瞰图

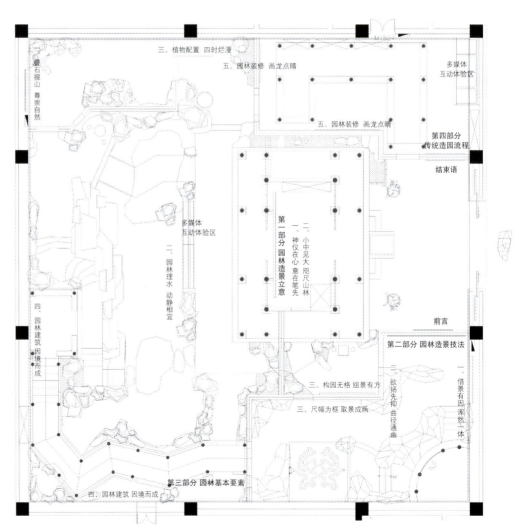

展厅平面图

◆ 造景立意

园林是空间的艺术，当具体的、有限的、直接的园林空间景象融汇了诗情画意与思想、哲理的精神内涵，它便升华为意象之美，散发出独特的艺术魅力。

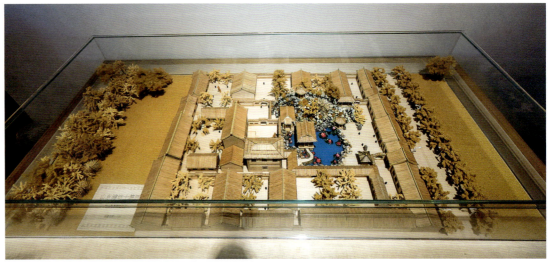

◆ 造景技法

园林造景犹如撰文绘画，贵在灵活，意在情景，有法而无定式，变幻而有方寻。通过借景、障景、框景等技法，形成情景交融、妙趣盎然的园境。

◆ 基本要素

山、水、植物、建筑是构成中国园林的基本要素，在中国传统哲学思想与文化的影响下，通过匠心独运的艺术组合，构建出具有中国艺术特色、富有诗情画意的经典园林。

◆ 造园流程

主要包括相地、立基、屋宇、装折、门窗、墙垣、铺地、掇山、选石、栽树、理水等，中国古代的造园家总结出一套造园理论，因地制宜，巧于因借，营造出众多优秀的园林作品。

中国园林文化厅

展览主题为"文心筑圃,诗情画境"。中国园林是传承中国文化的重要载体。通过实物、场景、图版等展陈方式,展示中国园林与中国传统哲学、文学书画、戏剧音乐等的交融与相互影响,体现中国园林的多元功能与文化内涵。

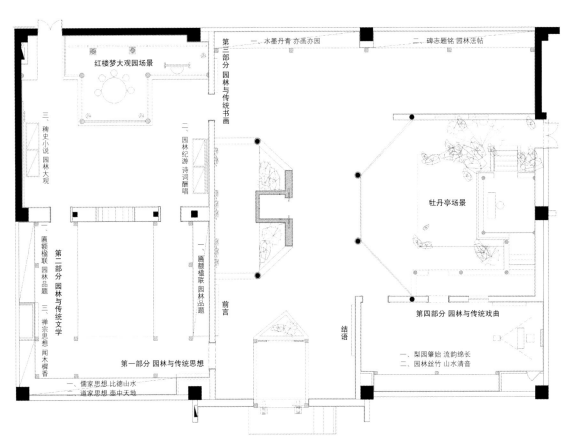

展厅一层平面图

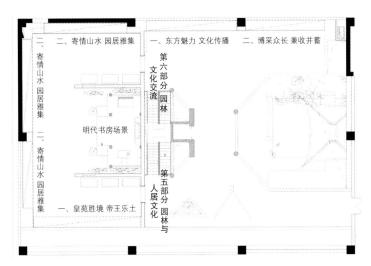

展厅二层平面图

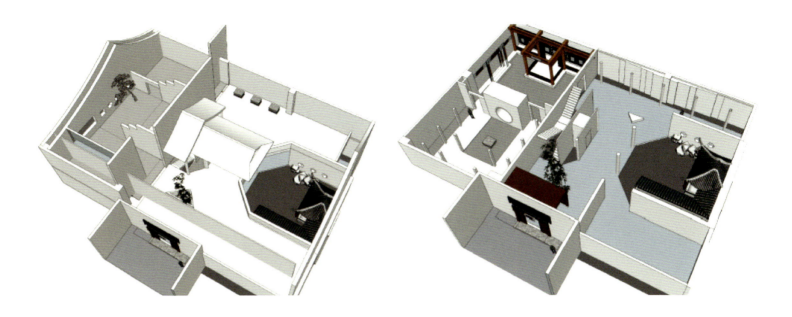

展厅模型图

◆ 传统思想

传统思想、重要流派是不同时期园林创作、造园实践的理论基础。儒家、道家及后来传入的佛教等传统思想对皇家园林、私家园林和寺观园林等都产生过重要影响。

◆ 传统文学

造园如作诗文，须有起承转合，一波三折。文人与园林的关系犹如鱼水相得。大量文人墨客参与造园，使中国园林富于诗情画意，许多以园林为场景描写的作品成为传统文学经典名篇。

◆ 传统书画

中国传统书画对中国园林美学思想及艺术表现手法影响深远。中国山水画论、书法艺术等都对造园理论和手法的发展产生了重要影响。中国园林的布局遵循了山水画论的构图原则，园林亦成为中国传统书画创作的重要源泉。众多名家作品通过壁画、碑碣、楹联匾额等形式在园林中保存并流传后世。

◆ 传统戏曲

古人把良辰、美景、赏心、乐事喻为人间"四美","不到园林,怎知春色如许",昆曲《牡丹亭》的经典台词道出了戏曲与园林密不可分的关系。园景和曲情互为映衬,相得益彰,珠联璧合。

◆ 人居雅集

中国古典园林可居可游可赏,园居生活是园林文化的基本功能,园林布局陈设反映了主人对理想家园的追求与品位。不同地区、不同民族创作出了风格迥异的园林,形成了丰富多彩的人居文化。

◆ 文化交流

在人类文明史的长河中,中国园林作为东方文明的典型代表,成为文化交流的载体,对世界多元文化的发展产生了重要的影响,反映在不同区域与不同的历史阶段。

园林互动体验厅

展览主题为"科普互动，体验园林"。通过多媒体技术、4D影院、场景再现、互动体验等形式，感受中国园林的魅力，激发共同创造理想家园的热情。展项内容突出园林的科普性、互动性和趣味性。

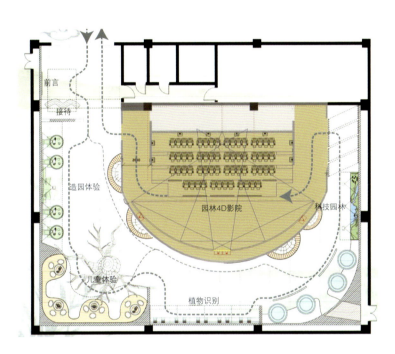

◆ 中国园林畅游

以"中国园林——人类的理想家园"为主题,通过现实题材与数字演示两部主题片反映中国园林的悠久历史、灿烂文化、多元功能和辉煌成就,启发人们对今天城市环境问题的思考,弘扬园林在建设和谐社会中不可或缺的作用。本部分的展览展示主要通过园林4D影院等展项,体验和感受中国园林的美好。

◆ 园林体验互动

用现代科技手段引导参观者特别是儿童参与互动，体验造园乐趣，感受园林功能，畅想未来园林。

室内展园

"咫尺之地,再造乾坤",室内展园作为中国园林博物馆展陈体系的组成部分,是体现博物馆展陈特色和地域特点的重要内容。根据中国园林博物馆总体规划方案,利用建筑室内空间的特殊环境条件,在主体建筑一层设置了苏州畅园展园和广州余荫山房展园,在建筑二层设置扬州片石山房屋顶展园,打破了室外气候条件对植物栽植等的限制,从而丰富了园林展示的地域风格特色。这三座室内庭院穿插在博物馆展陈体系之中,既是博物馆室内园林环境营建内容,又是展陈体系中的特殊展品,从而赋予了这三座室内展园多元的功能。

苏州畅园

展园位于博物馆主建筑的一层,总面积1450m^2,总建筑面积395m^2。以苏州畅园原型为主体,展现了苏州园林独特的造园风格和高超的艺术成就。

畅园原址位于苏州市庙堂巷,是苏州小型园林的代表作之一,面积不大,一亩有余,以水池为中心,周围绕以厅堂、船厅、亭、廊等园林建筑,采用封闭式布局和环形路线,景致丰富而多层次。园内建筑较多,局部处理手法细腻,比例尺度适宜,山石、花木布置少而精,给人精致玲珑的印象。水池面积约占全园的四分之一,缘岸围叠湖石,水池南端五折石板桥将池面一分为二。沿东园墙向北,走廊蜿蜒起伏,中间有两亭,一为六角形的延辉成趣亭,一为方形的憩间亭,两亭之间点缀竹石小品。园中主厅留云山房前设平台,为园中主要观景点。园中央凿池、周围环以建筑是苏州中小园林常用手法,这种布局空间配置紧凑,景物层次丰富,在同类园林中具有代表性。

◆ 设计方案

畅园为整体复建,展园设计以"畅园"为主体,展示苏州造园的独特风格和高超艺术成就,其他各小庭院起烘托陪衬作用,围绕畅园各成特色,既简洁又有亮点,展现出苏州园林小品营造的艺术特色。总体保持原貌,同时结合博物馆场地条件进行适当调整。植物品种优先选取生长于长江流域的植物,如杜鹃、桂花、含笑等,考虑室内光照不足的因素,选取沿阶草等耐荫植物。

◆ 展示内容

苏州畅园展园主要展示的园林建筑有留云山房、涤我尘襟和桐华书屋等。园内的花木山石,灰瓦白墙,小亭曲径,翠竹点缀,充分体现了苏州园林的特征。

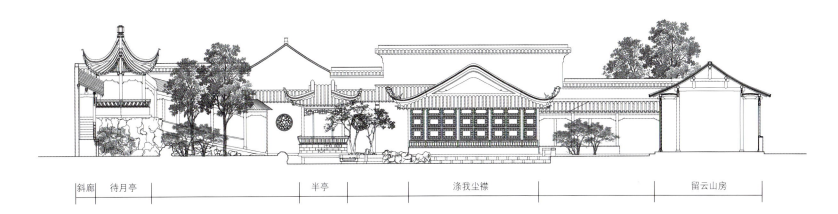

| 斜廊 | 待月亭 | 半亭 | 涤我尘襟 | 留云山房 |

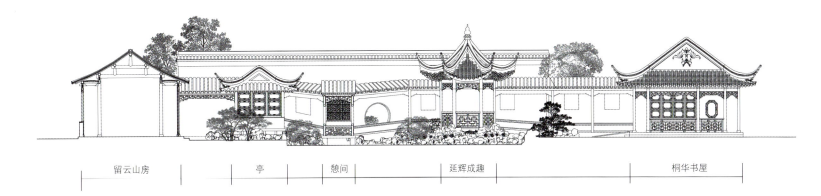

| 留云山房 | 亭 | 憩间 | 延辉成趣 | 桐华书屋 |

立面图

总平面图

"苏州畅园"展园应用和展示苗木表

植物名称	科属	学名	特色
油松	松科松属	Pinus tabulaeformis	园林观赏
金蒲桃	桃金娘科蒲桃属	Xanthostemon chrysanthus	园景树
罗汉松	罗汉松科罗汉松属	Podocarpus macrophyllus	园林观赏
香樟	樟科樟属	Cinnamomum camphora	园林观赏
广玉兰	木兰科木兰属	Magnolia grandiflora	园林观赏
木瓜	蔷薇科木瓜属	Chaenomeles sinensis	园林观赏
金桂	木犀科木犀属	Osmanthus fragrans 'Thunbergii'	园林观赏
银桂	木犀科木犀属	Osmanthus fragrans 'Latifolius'	园林观赏
枇杷	蔷薇科枇杷属	Eriobotrya japonica	园林观赏
榉树	榆科榉树属	Zelkova schneideriana	园林观赏
朴树	榆科朴树属	Celtis sinensis	庭荫树
二乔玉兰	木兰科木兰属	Magnolia × soulangeana	园林观赏
西府海棠	蔷薇科苹果属	Malus × micromalus	庭院观赏
鸡爪槭	槭树科槭树属	Acer palmatum	观赏树种
红枫	槭树科槭树属	Acer palmatum 'Atropurpureum'	园林观赏
紫薇	千屈菜科紫薇属	Lagerstroemia indica	观花植物
石榴	石榴科石榴属	Punica granatum	观花观果
玉兰	木兰科木兰属	Magnolia denudata	观花树种
红羽毛枫	槭树科槭树属	Acer palmatum 'Dissectum Ornatum'	园林观赏
垂丝海棠	蔷薇科苹果属	Malus halliana	庭园观赏
花碧桃	蔷薇科李属	Prunus persica 'Versicolor'	园林观赏
蜡梅	蜡梅科蜡梅属	Chimonanthus praecox	香花观赏树种和瓶插
梅	蔷薇科李属	Prunus mume	观花植物
山茶	山茶科山茶属	Camellia japonica	观赏花木
含笑	木兰科含笑属	Michelia figo	观赏花木
锦绣杜鹃	杜鹃花科杜鹃花属	Rhododendron pulchrum	观赏花木
南天竹	小檗科南天竹属	Nandina domestica	观叶观果
茶梅	山茶科山茶属	Camellia sasanqua	庭园观赏、绿篱
牡丹	芍药科芍药属	Paeonia suffruticosa	传统观赏花木
芍药	芍药科芍药属	Paeonia lactiflora	传统观赏植物
迎春	木犀科茉莉属	Jasminum nudiflorum	花篱或地被植物
芭蕉	芭蕉科芭蕉属	Musa basjoo	庭园观赏
紫竹	禾本科刚竹属	Phyllostachys nigra	园林观赏
孝顺竹	禾本科刺竹属	Bambusa multiplex	园林观赏
黄金间碧玉竹	禾本科刚竹属	Phyllostachys bambusoides 'Castilloni'	园林观赏
菲白竹	禾本科赤竹属	Sasa fortunei	观叶植物，地被、绿篱
阔叶箬竹	禾本科箬竹属	Indocalamus latifolius	庭园观赏，地被植物
麦冬	百合科沿阶草属	Ophiopogon japonicus	草丛栽植
矮麦冬	百合科沿阶草属	Ophiopogon japonicus 'Nanus'	花镜或花坛镶边
侧柏	柏科侧柏属	Platycladus orientalis	造林树种、绿篱
三角枫	槭树科槭树属	Acer buergerianum	庭荫树、行道树及护岸树种
雀梅藤	鼠李科雀梅藤属	Sageretia thea	盆栽观赏、绿篱
榔榆	榆科榆属	Ulmus parvifolia	庭荫树、行道树、盆景材料
琼花	忍冬科荚蒾属	Viburnum macrocephalum f. keteleeri	园林观赏
德国鸢尾	鸢尾科鸢尾属	Iris germanica	园林观赏
荷花	睡莲科莲属	Nelumbo nucifera	水生观赏
睡莲	睡莲科睡莲属	Nymphaea tetragona	观赏水生花卉

余荫山房

展园位于博物馆主体建筑的一层,占地面积537m²,总建筑面积193m²。以广东名园余荫山房为原型,选其重点特色景区进行适当调整复建,力求展现岭南园林的风貌和魅力。

余荫山房原址位于广州市番禺区南村镇北大街,是广东四大名园之一,为典型的岭南园林。余荫山房始建于清同治五年(公元1866年),为清代举人邬彬的私家花园。邬彬在京任职四年后,以母亲年迈为由乞假归隐。为纪念和永泽先祖福荫取"余荫"二字为园名,又因此园地处偏僻的岗下之地,故用"山房"这个朴素的名字,以示园林地处山岗与寄托园主隐居之意。

◆ 设计方案

设计方案选取余荫山房中"浣红跨绿"桥廊西侧,以深柳堂——方形水池——临池别馆为主要景观结构的西部景区作为仿建对象。桥廊以东的小水池设计具有地域特色的英石跌水,作为园区主入口的水景观,使游人第一时间领略岭南园林之水景特色。

总平面图

余荫山房剖面图

"余荫山房"室内展园应用和展示苗木表

植物名称	科属	学名	特色
广玉兰	木兰科木兰属	Magnolia grandiflora	观花乔木
水石榕	杜英科杜英属	Elaeocarpus hainanensis	常绿植物
芭蕉	芭蕉科芭蕉属	Musa basjoo	观叶赏姿
榕树	桑科榕属	Ficus microcarpa	庭荫树
串钱柳	桃金娘科红千层属	Callistemon viminalis	观叶赏姿
玉兰	木兰科木兰属	Magnolia denudata	观花乔木
榔榆	榆科榆属	Ulmus parvifolia	园景树
羊蹄甲	苏木科羊蹄甲属	Bauhinia purpurea	园景树、行道树
刚竹	禾本科刚竹属	Phyllostachys bambusoides	园林造景
九里香	芸香科九里香属	Murraya exotica	花香过人，盆景
春兰	兰科兰属	Cymbidium spectatilis	观花植物
杜鹃花	杜鹃花科杜鹃花属	Rhododendron simsii	观花植物
南天竹	小檗科南天竹属	Nandina domestica	常绿灌木
海桐	海桐科海桐属	Pittosporum tobira	绿篱造景，盆景
紫薇	千屈菜科紫薇属	Lagerstroemia indica	观花植物
簕杜鹃	紫茉莉科叶子花属	Bougainvillea spectatilis	观叶植物
山茶	山茶科山茶属	Camellia japonica	观花植物
春羽	天南星科喜林芋属	Philodendron hederaceum var. hederaceum	观叶植物
红鸟蕉	旅人蕉科蝎尾蕉属	Heliconia psittacorum	花型奇特，庭园丛植，插花材料
红花蕉	芭蕉科红蕉属	Musa uranoscopus	观花，室内造景
吊兰	百合科吊兰属	Chlorophytum comosum	观花，盆栽
肾蕨	肾蕨科肾蕨属	Nephrolepis auriculata	盆栽，室内造景
巢蕨	铁角蕨科巢蕨属	Neottopteris nidus	盆栽，室内造景
桂花	木犀科木犀属	Osmanthus fragrans	观花，花香袭人
扶芳藤	卫矛科卫矛属	Euonymus fortunei	常绿，地面墙角等覆盖成景
金边麦冬	百合科山麦冬属	Liriope spicata var. variegata	地被植物
矮麦冬	百合科沿阶草属	Ophiopogon japonicus 'Nanus'	地被植物
麦冬	百合科沿阶草属	Ophiopogon japonicus	地被植物
玉簪	百合科玉簪属	Hosta plantaginea	地被植物
萱草	百合科萱草属	Hemerocallis fulva	地被植物
鸢尾	鸢尾科鸢尾属	Iris tectorum	地被植物
平枝枸子	蔷薇科枸子属	Cotoneaster horizontalis	观花灌木
广东万年青	天南星科广东万年青属	Aglaonema modestum	常绿，盆景
绿萝	天南星科麒麟叶属	Epipremnum aureum	常绿，盆景
炮仗花	紫葳科炮仗花属	Pyrostegia venusta	观赏藤架植物
荷花	睡莲科莲属	Nelumbo nucifera	水生植物

◆ 展示内容

中国园林博物馆复建余荫山房的精华部分，包括主体建筑深柳堂和浣红跨绿廊桥。展园方池居中，嘉树浓荫，虹桥观鱼，雕梁画栋，楹联陈设，反映出岭南园林的风格特点。

片石山房

展园位于博物馆主体建筑的二层,总占地面积1050m²,建筑面积270m²。选取扬州园林最具代表性的叠石"人间孤本",最大体量建筑楠木厅,以及"水中月、镜中花"等最具代表性特色部分,假山山石重量近千吨,为绝无仅有的屋顶叠石掇山之作。

扬州园林兼具南方之秀和北方之雄,"扬州以名园胜,名园以叠石胜"。片石山房原址位于扬州城南花园巷,传说为明末大画家石涛叠石的"人间孤本"。"片石山房"体现扬州园林"莫谓此中天地小,卷舒收放卓然庐"的意趣和诗情,洋溢出"一峰剥尽一峰环,折经崎岖绕碧湍,拟欲寻源最深处,流云飘渺隐仙坛"的诗情。园中"水中月,镜中花"的表现手法,表现出人们摆脱尘世的烦恼,修身养性、寄情山水的人生追求和向往。

◆ 设计方案

扬州片石山房室内展园的建设充分考虑了复建的可行性和科学性,在博物馆的室内空间选择合适的基址进行场景复原。

扬州片石山房展园苗木表

植物名称	科属	学名	特色
龙爪槐	蝶形花科槐树属	Sophora japonica 'Pendula'	观姿植物
油松	松科松属	Pinus tabuleaformis	常绿植物
鸡爪槭	槭树科槭树属	Acer palmatum	彩叶植物
罗汉松	罗汉松科罗汉松属	Podocarpus macrophyllus	常绿乔木
北海道黄杨	卫矛科卫矛属	Euonymus japonicus 'Cuzhi'	常做绿篱,常绿灌木
大叶黄杨	卫矛科卫矛属	Euonymus japonicus	常做绿篱或观赏球,常绿
蜀柏	柏科圆柏属	Sabina komarovii	常绿乔木
小叶黄杨	黄杨科黄杨属	Buxus microphylla	常做绿篱或观赏球,常绿
丁香	木犀科丁香属	Syringa oblata	观花植物
紫玉兰	木兰科玉兰属	Magnolia liliflora	观花植物
白玉兰	木兰科玉兰属	Magnolia denudata	观花植物
紫薇	千屈菜科紫薇属	Lagerstroemia indica	观花灌木
红枫	槭树科槭树属	Acer palmatum 'Atropurpureum'	彩叶植物
蜡梅	蜡梅科蜡梅属	Chimonanthus praecox	观花植物
寿星桃	蔷薇科桃属	Ptunus perssica 'Densa'	观花观果植物
南天竹	小檗科南天竹属	Nandina domestica	常绿灌木
琼花	忍冬科荚蒾属	Viburnum macrocephalum f. keteleeri	观花植物
木本绣球	忍冬科荚蒾属	Viburnum macrocephalum	观花植物
蔷薇	蔷薇科蔷薇属	Rosa multiflora	观花植物

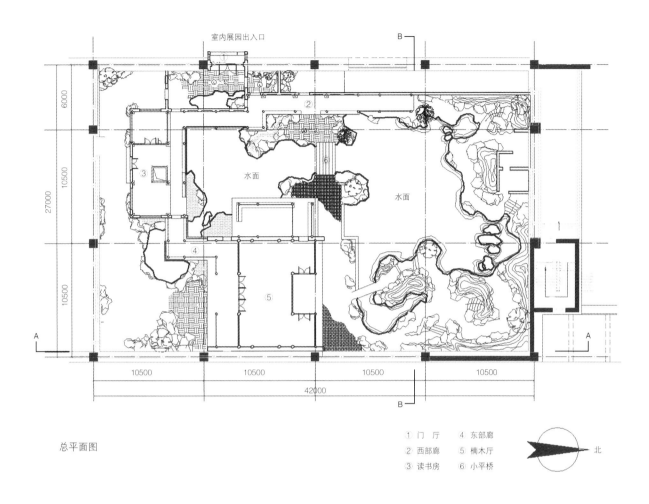

总平面图

① 门厅　④ 东部廊
② 西部廊　⑤ 楠木厅
③ 读书房　⑥ 小平桥

北

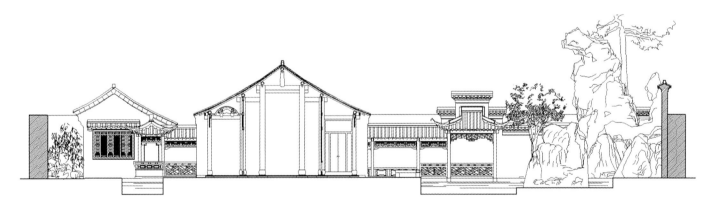

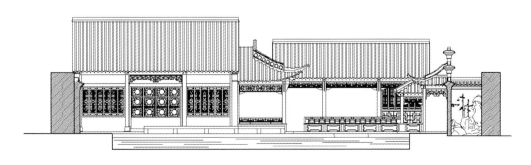

片石山房剖面图

◆ 展示内容

扬州片石山房复建部分以屋顶花园的形式展出，展示了假山叠石、水池、建筑、植物等园林要素，包含最具代表性叠石"人间孤本"，最大体量建筑楠木厅，以及片石山房"水中月、镜中花"最具代表性特色景观等。

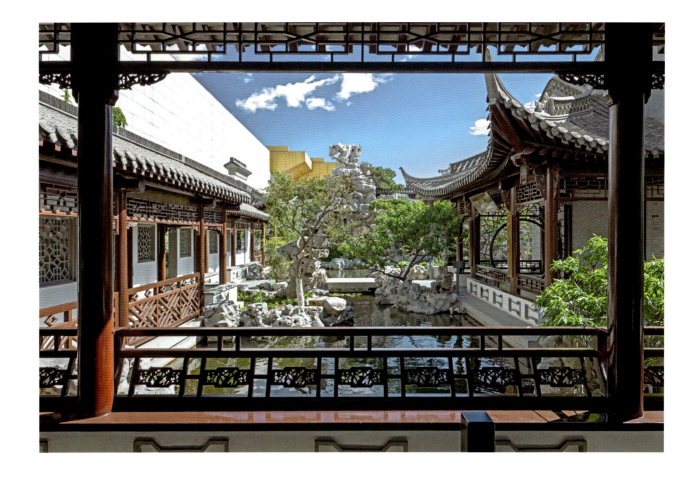

室外展区

塔影别苑

展区位于中国园林博物馆主建筑的西北侧，取意于依水而建和水中倒影鹰山上的永定塔，将传统建筑形式纳入其中。漫步其中，步移景异，塔影轩榭，天鹅游弋，小桥流水，鱼戏莲叶。

展区占地784m²，因环境而设计，以鹰山为背景，结合人工营建的水系、建筑、植物等要素构筑一处北方水景园林。利用桥、堤、岸、舫的变化将周围景物融为一体，突出水景造园思想，巧于因借，利用水面将鹰山永定塔引入园中，倒影成趣。

◆ 设计方案

展区参考颐和园谐趣园、上下天光等北方水景园林的形式。以水池为中心，依水仿建石舫、牌坊、双环亭、塔影别苑、镜影亭等多个经典历史园林建筑，并通过穿插形式组成多个园林空间。

平面图　　　　　　　　　　　室外展区中位置

塔影别苑展区应用和展示苗木表

植物名称	科属	学名	特色
油松	松科松属	*Pinus tabuleaformis*	常绿植物
水杉	杉科水杉属	*Metasequoia glyptostroboides*	常绿植物
垂柳	杨柳科柳属	*Salix babylonica*	特型植物
香花槐	蝶形花科刺槐属	*Robinia pseudoacacia* 'Idaho'	观花植物
红花刺槐	蝶形花科刺槐属	*Robinia pseudoacacia* 'Decaisneana'	观花植物
西府海棠	蔷薇科苹果属	*Malus spectabilis* 'Riversii'	观花植物
黄杨	黄杨科黄杨属	*Buxus sinica*	常做绿篱或观赏球，常绿
碧桃	蔷薇科桃属	*Prunus persica* 'Duplex'	观花植物
金枝白垂柳	杨柳科柳属	*Salix alba* 'Tristis'	庭荫树、园景树
白花山碧桃	蔷薇科桃属	*Prunus davidiana* 'Albo-plena'	观花植物
紫叶李	蔷薇科李属	*Prunus cerasifera* 'Pissardii'	彩叶植物
早园竹	禾本科刚竹属	*Phyllostachys propinqua*	园林绿化常见竹
山茱萸	山茱萸科山茱萸属	*macrocarpium officinale*	观果观叶植物
锦带花	忍冬科锦带花属	*Weigela florida*	观花灌木
紫薇	千屈菜科紫薇属	*Lagerstroemia indica*	观花灌木
贴梗海棠	蔷薇科木瓜属	*Chaenomeles speciosa*	观花灌木
木槿	锦葵科木槿属	*Hibiscus syriacus*	观花灌木
多花胡枝子	蝶形花科胡枝子属	*Lespedeza floribunda*	观花灌木
迎春花	木樨科素馨属	*Jasminum floridum*	观花灌木
铺地柏	柏科圆柏属	*Sabina procumbens*	常绿地被植物
千屈菜	千屈菜科千屈菜属	*Lythrum salicaria*	水边湿地植物
蒲苇	禾本科蒲苇属	*Cortaderia selloana*	观花类丛植植物
荷花	睡莲科莲属	*Nelumbo nucifera*	水生植物
白睡莲	睡莲科睡莲属	*Nymphaea alba*	水生植物
王莲	睡莲科王莲属	*Victoria regia*	水生植物
再力花	竹芋科再力花属	*Thalia dealbata*	水生植物
梭鱼草	雨久花科梭鱼草属	*Pontederia cordata*	水生植物
水生鸢尾	鸢尾科鸢尾属	*Iris pseudacorus*	水生植物

◆ 展示内容

展区集中运用不同的传统水景造园技巧及其思想，展示不同时期的造园技术成就，表现了北方水景园林基本特征：围绕水系成景，并营造多个不同空间。展区内建筑和景点大多取自经典历史名园，石舫仿自淑春园（现北京大学未名湖）、北京勺园和颐和园清晏舫；水边楼阁仿自圆明园上下天光、避暑山庄烟雨楼；水榭仿自颐和园谐趣园；桥有廊桥（圆明园廓然大公规月桥）、折桥、平桥等不同类型；碧澜桥（水门）取自圆明园的坦坦荡荡，鸣玉溪桥取圆明园长春仙馆；涵虚牌坊取自颐和园；春雨堂（主厅）取自北海春雨林塘；澄爽榭（侧厅）取自颐和园谐趣园澄爽斋；镜影亭仿自颐和园谐趣园引镜亭；福寿南山双环亭取自天坛双环亭。

半亩轩榭

展区占地530m²，取清代北方私家园林的代表清代北京半亩园的云荫堂庭院复原建造。展园内垒石成山，引水为池，充分展现了北方私家园林的风貌。

半亩园始建于清康熙年间，位于京城弓弦胡同（今黄米胡同），现已不存，传说为清代文学家、造园家李渔所作。半亩园建筑风格淡雅，陈设精致，空间幽曲，叠山、理水、花木栽植都别具匠心，尤其是园中叠石假山更是被誉为"京城之冠"。

◆ 设计方案

展园复原设计仅截取清代半亩园中最具特色的云荫堂庭院，展示了假山叠石、水池、建筑、植物等园林要素。

半亩轩榭展区苗木表

植物名称	科属	学名	特色
垂柳	杨柳科柳属	*Salix babylonica*	特型植物
龙枣	鼠李科枣属	*Ziziphus jujuba* 'Tortuosa'	造型奇特
西府海棠	蔷薇科苹果属	*Malus spectabilis* 'Riversii'	观花植物
圆柏	柏科刺柏属	*Sabina chinensis*	常绿植物
金镶玉竹	禾本科刚竹属	*Phyllostachys aureosulcata* 'Spectabilis'	观赏竹类
紫竹	禾本科刚竹属	*Phyllostachys nigra*	观赏竹类
菲白竹	禾本科赤竹属	*Sasa fortunei*	观赏竹类
牡丹	芍药科芍药属	*Paeonia suffruticosa*	传统园林植物
紫菀'紫色穹顶'	菊科紫菀属	*Aster tataricus* 'Purple Dome'	新优草本植物
萱草'小酒杯'	百合科萱草属	*Hemerocallis fulva* 'Little Wine Cup'	新优草本植物
景天'秋之喜悦'	景天科八宝属	*Sedum hybrida* 'Autumn Joy'	新优草本植物
玉簪"金头饰"	百合科玉簪属	*Hosta plantaginea* 'Golden Tiara'	新优草本植物
玉簪"金鹰"	百合科玉簪属	*Hosta plantaginea* 'Gold en Edger'	新优草本植物
玉簪"小黄金叶"	百合科玉簪属	*Hosta plantaginea* 'Golden Cadet'	新优草本植物
玉簪"波叶"	百合科玉簪属	*Hosta plantaginea* 'Bailey'	新优草本植物
矾根'酒红'	虎耳草科矾根属	*Heuchera micrantha* 'Beaujolais'	新优草本植物
紫藤	蝶形花科紫藤属	*Wisteria sinensis*	藤本植物
荷花蔷薇	蔷薇科蔷薇属	*Rosa multiflora* 'Carnea'	藤本植物
水葱	莎草科藨草属	*Scirpus validus*	水生植物
香蒲	香蒲科香蒲属	*Typha orientalis* Presl.	水生植物
慈姑	泽泻科慈姑属	*Sagittaria sagittifolia*	水生植物
再力花	竹芋科再力花属	*Thalia dealbata*	水生植物
水生鸢尾	鸢尾科鸢尾属	*Iris pseudacorus*	水生植物
金边麦冬	百合科山麦冬属	*Liriope spicata* 'Variegata'	地被植物

展览体系 · 157

平面图

室外展园区中位置

半亩轩榭展区效果图

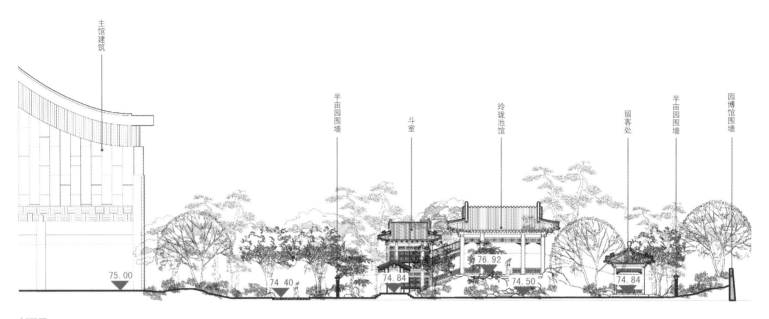

剖面图

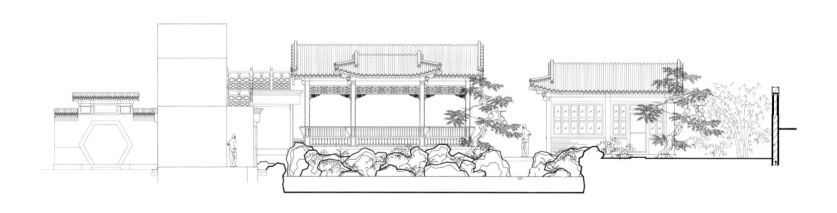

景观剖面图

◆ 展示内容

半亩轩榭展区再现了历史上清代半亩园最具特色的云荫堂庭院、玲珑池馆、留客亭、退思斋、近光阁等景致,建筑共建与水体、山石相互渗透,充分体现"小中见大"的造园手法。

染霞山房

展区位于中国园林博物馆主建筑北侧鹰山南坡，占地近1万平方米，因山而建，再现了中国古典山地园林的景观风貌。

展园集中运用各类传统山地造园技巧，在建筑布局、地形处理、山石步道、植物配置等方面，充分展示了开旷与幽深的北方山地园林的基本特征。建筑与山石融为一体，山石磴道与地形巧妙结合。植物与主题相配，夕阳西下，彩霞满天；绚烂秋日，满目烟霞，尽显传统山地造园之精妙。

◆ 设计方案

中国传统园林有着独特的山水观，展区的设计立足中国园林"天人合一"的哲学理念和"虽由人作，宛自天开"的造园技法，兼顾园区的整体绿色氛围，通过基址的园林化处理，提升原址的美感。充分利用现状地形高差，集中运用不同的传统山地造园技巧，在建筑布局、地形处理、山石步道、植物配置等方面充分展示传统山地造园艺术成就。

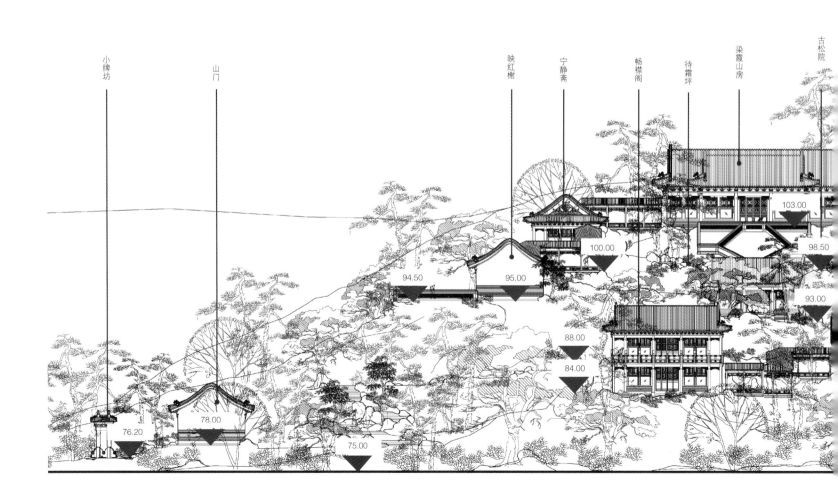

展览体系 · 163

展区规划设计方案

平面图

景观剖面图

室外展区中位置

染霞山房展区苗木表

植物名称	科属	学名	特色
油松	松科松属	*Pinus tabulaeformis*	常绿植物
圆柏	柏科圆柏属	*Sabina chinensis*	常绿植物
鸡爪槭	槭树科槭树属	*Acer palmatum*	彩叶植物
白桦	桦木科桦木属	*Betula platyphylla*	特色植物
小叶白蜡	木犀科白蜡属	*Fraxinus bungeana*	庭荫树、行道树
金叶榆	榆科榆属	*Ulmus pumila* 'JinYe'	彩叶植物
山桃	蔷薇科李属	*Prunus davidiana*	观花植物
黄栌	漆树科黄栌属	*Cotinus coggygria*	秋色叶植物
国槐	蝶形花科槐树属	*Sophora japonica*	传统园林植物
刺槐	蝶形花科刺槐属	*Robinia pseudoacacia*	观型
元宝槭	槭树科槭树属	*Acer truncatum*	特色植物
丽红元宝槭	槭树科槭树属	*Acer truncatum* 'Li Hong'	彩叶植物
紫叶李	蔷薇科李属	*Prunus cerasifera* 'Atropurpurea'	彩叶植物
银杏	银杏科银杏属	*Ginkgo biloba* Linn.	特色植物
雪鸟山楂	蔷薇科山楂属	*Crataegus pinnatifida* 'Snowbird'	新优植物
托巴山楂	蔷薇科山楂属	*Crataegus pinnatifida* 'Toba'	新优植物
金叶白蜡	木犀科白蜡属	*Fraxinus chinensis* 'Aurea'	彩叶植物
华北紫丁香	木犀科丁香属	*Syringa oblata*	观花植物
互叶醉鱼草	醉鱼草科醉鱼草属	*Buddleja alternifolia*	特色植物
栓翅卫矛	卫矛科卫矛属	*Euonymus phellomanus*	特色植物
密冠卫矛	卫矛科卫矛属	*Euonymus alatus* 'Compactus'	特色植物
金叶莸	马鞭草科莸属	*Caryopteris x clandonensis* 'Worcester Gold'	地被植物
林伍德连翘	木犀科连翘属	*Forsythia suspense* 'Lynwood'	镶边观花植物
迎春花	木犀科迎春属	*Jasminum nudiflorum*	镶边观花植物
金银木	忍冬科荚蒾属	*Lonicera maackii*	观姿观干
五叶地锦	葡萄科爬山虎属	*Parthenocissus quinquefolia*	立体绿化
蛇莓	蔷薇科蛇莓属	*Duchesnea indica*	地被植物
丝带草	禾本科䕡草属	*Phalaris arundinacea* var. *picta*	观赏地被
二月兰	十字花科诸葛菜属	*Orychophragmus violaceus*	地被植物
射干	鸢尾科射干属	*Belamcanda chinensis*	地被植物
荚果蕨	球子蕨科荚果蕨属	*Matteuccia struthiopteris*	观叶植物
连翘	木犀科连翘属	*Forsythia suspensa*	镶边观花植物
萱草	百合科萱草属	*Hemerocallis fulva*	观花地被
大花萱草	百合科萱草属	*Hemerocallis x jybrida*	观花植物
玉簪	百合科玉簪属	*Hosta plantaginea*	地被植物
鸢尾	鸢尾科鸢尾属	*Iris tectorum*	地被植物
崂峪苔草	莎草科苔草属	*Carex giraldiana*	地被植物
精灵景天	景天科精灵景天属	*diamorpha smallii*	地被植物
金叶过路黄	报春花科珍珠菜属	*Lysimachia nummularia* 'Aurea'	地被植物
火炬树	漆树科盐肤木属	*Rhus typhina*	园景树，秋叶树
侧柏	柏科侧柏属	*Platycladus orientalis*	常绿植物
光叶榉	榆科榉属	*Zelkova serrata*	行道树、园景树
平枝枸子	蔷薇科枸子属	*Cotoneaster horizontalis*	观花灌木
太平花	八仙花科山梅花属	*Philadelphus pekinensis*	观花灌木
紫珠	马鞭草科紫珠属	*Callicarpa japonica*	观果灌木
金叶接骨木	忍冬科接骨木属	*Sambucus canadensis* 'Aurea'	观叶灌木
红叶杨	杨柳科杨属	*Populus deltoids* 'Zhonghua hongye'	彩叶植物
王族海棠	蔷薇科苹果属	*Malus Royalty*	观花植物
沙地柏	柏科圆柏属	*Sabina vulgalis*	镶边常绿地被
结香	瑞香科结香属	*Edgeworthia chrysantha*	花灌木，盆栽
华北香薷	唇形科香薷属	*Elsholtzia stauntoni*	香料植物，园景树
大叶铁线莲	毛茛科铁线莲属	*Clematis heracleifolia*	观赏地被
蓝羊茅	禾本科羊茅属	*Festuca glauca*	观赏地被
披针叶苔草	莎草科苔草属	*Carex lanceolata*	地被植物

◆ 展示内容

展区结合场地特征，以历史名园中的古建筑为蓝本，选择并再现了承德避暑山庄山近轩、秀起堂，以及颐和园赅春园等经典园林建筑，在山地营建了映红榭、染霞山房、宁静斋等建筑群，色彩朴素大方，与山地林木的大背景相协调。

IV.
Exquisite Exhibits
藏品撷珍

场景沙盘

场景·西汉南越王宫苑曲水池遗迹

20世纪八九十年代包括南越国宫署、南越王墓、南越国都城水闸等在内的南越国遗址陆续被发现、发掘,其中南越王御苑的石池和曲流水渠遗址,考古研究证实了两者是一个整体,同属南越国王宫御苑的园林水景,是我国现存最早的宫苑园林遗迹,反映了西汉时期园林的造园水平。

场景·兰亭修禊

魏晋时期,文人名流经常聚会的一些近郊风景游览地,具有了公共园林的性质。东晋永和九年(公元353年)三月三日,王羲之和谢安等人,为过"修禊日"宴集于会稽山阴兰亭,列坐于曲水两侧,将酒觞置于清流之上,任其顺流而下,停在谁的面前,谁即取饮,彼此相乐。此时期文人名流的雅集盛会和诗文唱和流露出的审美趣味,给当时和后世的园林发展以深远的影响。

沙盘·山西绛州衙署园

隋唐时期的衙署园林，位于山西新绛县城西部，始建于隋开皇年间，是中国北方地区最古老的园林之一，以山池花木之成景为主调，其布局设计、建造艺术等在园林史上占有重要位置。唐穆宗时（公元795~824年），绛州刺史樊宗师修整园林，并写成《绛守居园池记》一文，记述此园的沿革及景色。

场景·唐代九成宫（隋仁寿宫）

隋唐时期的离宫御苑，位于陕西省麟游县，始建于隋文帝开皇十三年（公元593年），名"仁寿宫"。唐太宗贞观五年（公元631年）修复扩建，更名为"九成宫"。唐高宗时曾一度改名为"万年宫"。九成宫的规划设计能够谐和于自然风景而又不失宫苑的皇家气派。自唐代以来，出现了诸多以九成宫为主题的诗文名篇和名家绘画作品。

艺术创作场景·王维辋川别业

辋川别业最早是由宋之问在辋川山谷所建的辋川山庄，后来唐代诗人、画家王维在此基础上营建园林。辋川别业营建在具山林湖水之胜的天然山谷区，因植物和山川泉石所形成的景物题名，使山貌水态林姿的美更加集中地表现出来，相地筑屋宇亭馆，成自然之趣，富诗情画意。

场景·白居易履道坊宅园

唐代文人园林的典型代表。位于唐代洛阳履道坊之西北隅，宅园的空间划分与使用功能紧密结合，相得益彰。建筑物简朴小巧，植物配置以竹林为主，竹石配置构成局部景观小品，体现了当时文人"以泉石竹树养心、以诗酒琴书怡性"的园林观。

多媒体场景·北宋艮岳

艮岳是宋代皇家园林的代表，在中国古典园林史上占有重要的位置，又名华阳宫。"凡天下之美，古今之胜在焉"，"并包罗列，又兼胜绝"，富有人文气息，是一座叠山、理水、花木、建筑完美结合的具有浓郁诗情画意而较少皇家气派的人工山水园。

场景·承德避暑山庄

避暑山庄始建于康熙四十二年（公元1703年），历经清康熙、雍正、乾隆三朝建成。承德避暑山庄规模宏大，总体规划布局和园林建筑设计上都充分利用了原有的自然山水景观特点和有利条件，形成了大小建筑120多群组，其中康熙以四字组成36景，乾隆以三字组成36景，即避暑山庄72景，成为中国古典园林的典范。

场景·明代寄畅园

寄畅园始建于明代，位于江苏省无锡市惠山横街，园址原为惠山寺僧舍，明正德年间秦金购置辟为园，名"凤谷行窝"。万历十九年（公元1591年），秦燿因座师张居正被追论而解职。回无锡后，寄抑郁之情于山水之间，疏浚池塘，改筑园居，构园景二十，每景题诗一首。

场景·清农事试验场

清农事试验场旧址原为清康亲王赐园，后为乐善园（三贝子花园）。清光绪三十二年(公元1906年)农工商部奏请将乐善园及附近的广善寺、慧安寺划为农事试验场，光绪三十三年（公元1907年）农事试验场内附设的动物园（又称万牲园）先期开放，售票接待游人，园内展有端方购自德国的禽兽及各地抚督送献朝廷的动物。1908年6月16日，农事试验场正式开放。

场景·无锡梅园

梅园始建于1912年，著名民族工商业者荣宗敬、荣德生兄弟在无锡东山辟园，利用清末进士徐殿一的小桃园旧址，经十余年建设而成。梅园以梅花为特色，植梅数千株，园内主要的景点有梅园刻石、天心台、香海、诵豳堂、招鹤亭、念劬塔等。1955年，荣毅仁按其父荣德生先生的遗愿，将梅园（乐农别墅除外）全部献给国家。

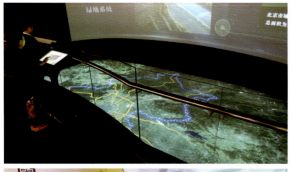

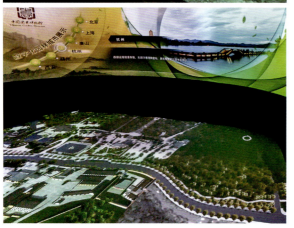

沙盘·城市绿地系统数字沙盘

现代展厅中重要的技术展项。城市绿地系统数字沙盘3DGIS互动展示系统中的数据包括：GIS地理信息数据、数字建模数据、图片文字视频等信息数据。在传统实体沙盘基础上，融合声光电系统、多媒体系统、电脑智能触摸控制系统、多媒体演示系统、大屏幕投影演示系统等制作而成的立体动态系统，直观地表现了不同城市的绿地系统规划和城市绿地空间。数字沙盘采用博物馆常态展览模式和VIP模式，可动态更新，将全国不同城市绿地系统鲜活呈现，极具动感和互动性。

场景·天津人民公园

前身是津门盐商李春城的私家别墅，名为"荣园"，始建于清同治二年（公元1863年），园四周以壕堑为界，以水景为特色，具有典型的北方园林特色，又在设计中吸纳江南园林构筑技法。新中国成立后，李氏后裔李歧美将荣园献给国家。政府对该园进行了全面规划改造，1951年7月正式开放，更名为人民公园。毛泽东主席并于1954年亲笔题写园名。

场景·泰山风景区

位于中国近现代园林厅。泰山是中国五岳之首，古称"岱宗"，风景秀丽，名胜古迹众多，有着深厚的文化内涵，成为中国历代帝王的祭天封禅之所和中华民族的精神象征，也是我国第一个被联合国教科文组织列入《自然与文化遗产》名录的名山。场景利用局部二层高差，将楼梯一侧处理为泰山登道实景，另一侧用镜子处理增加游客登山的真实感。

沙盘·兰特庄园

位于世界名园博览厅。兰特庄园建于1566年，位于罗马以北的巴涅亚小镇。庄园面积1.85hm²，全园高差近5m，设有4个台层，其突出的特色在于全园的中轴线是由不同形式的水景串联而成。顶层水源洞府将泉送至八角泉池，由第三台层以溢流进入半圆形水池，再沿着水渠落入第二台层的圆形水池中，最后，在第一台层上以喷泉作为高潮而结束。

沙盘·凡尔赛宫苑

位于世界名园博览厅。凡尔赛宫苑位于法国首都巴黎西南部18km处的凡尔赛镇，代表了法国勒诺特式园林的最高成就。凡尔赛宫苑自路易十三开始，由四朝法国皇帝先后营建而成，历时近150年。其中路易十四统治时代的营建，形成了凡尔赛宫苑的主体风格和规模。

沙盘·印度泰姬陵

位于世界名园博览厅。泰姬陵位于阿格拉城郊，朱木拿河南岸，是莫卧儿王朝第5代皇帝沙贾汗为了纪念已故皇后泰吉·玛哈尔而建立的陵墓，人称"大理石上的诗"。泰姬陵建于公元1631年，费时22年建造完成，由殿堂、钟楼、尖塔、水池等构成，全部用纯白色大理石建筑，用玻璃、玛瑙镶嵌，具有极高的艺术价值，是伊斯兰教建筑中的代表作。

沙盘·龙安寺方丈南庭的枯山水庭院

位于世界名园博览厅。龙安寺有三处庭院，方丈石庭、西源院、池泉庭，其中方丈石庭最著名，创建于15世纪中叶，是日本枯山水双璧之一。方丈石庭为250m²的矩形白砂地，在整片白砂地上散置着五群石组，形成七五三的格局，布局微妙。

沙盘·纽约中央公园

位于世界名园博览厅。纽约中央公园位于纽约市曼哈顿区，占地面积约5000多亩，以自然风景园为特征，是美国景观设计之父奥姆斯特德（Frederick Law Olmsted）的代表作，也是美国乃至全世界最著名的城市公园。

场景·流杯亭与曲水流觞

曲水流觞是古人的一种饮酒赋诗的活动，源于"祓禊"或"修禊"习俗。随着历史的演进，这种"祓除不祥"的活动后来发展成临流赋诗、饮酒赏景、尽游宴之乐的风雅之举，并逐步由室外缩小到在凿有弯曲回绕水槽的亭子内进行，并成为园林中常见的题材。位于中国造园技艺厅，原型为北京潭柘寺流杯亭，水槽构成的图案奇特，从南向北看像龙头，而从北向南看却又像虎头。

场景·大观园与《红楼梦》

位于中国园林文化厅。《红楼梦》是中国四大名著之一。作者曹雪芹在书中所描绘的大观园，融南北园林技巧、风格于一体，园中的一草一木、一亭一台都遵循着中国传统园林艺术的规律，体现着中国传统园林艺术的特点。

场景·牡丹亭与戏曲

位于中国园林文化厅。"不到园林，怎知春色如许"，一曲《牡丹亭》唱出了园林与戏曲的微妙关系。《牡丹亭》的故事主要发生在园林中，反映了昆曲艺术与园林的完美融合。

场景·明代书房

位于中国园林文化厅。书房是古代文人园居的重要建筑，书房内除了有书桌等供读书外，也是园主人重要的会客场所，书房内多布置书架、画案、椅凳、榻、屏风等，营造出宁静、清幽的氛围。

多媒体展项·造园体验多媒体互动展示系统

位于园林互动体验厅。中国造园艺术以其卓越的构思，悠远的意蕴而被传承至今。该展项运用AR增强现实技术，将不同元素放置到虚拟的园林环境中，呈现园林的3D场景再现，最终实现技术和艺术的完美融合，观众可以规划设计自己心目中的理想园林。

多媒体展项·园林建筑全息成像互动展示系统

位于园林互动体验厅。运用3D全息立体成像技术，让参观者欣赏到在电影中才出现的悬空成像，使殿、堂、楼、阁、亭、桥、廊等典型园林建筑悬浮在空中，并可以360度旋转以展示园林建筑艺术的造型、风格、色彩等，使观众了解中国园林中的建筑及基本知识，寓教于乐。

多媒体展项·园林植物识别多媒体互动展项

位于园林互动体验厅。运用多屏LED拼接技术，在超宽尺寸电视墙上为参观者带来动态园林美丽画面。展项从《千里江山图》中汲取创意灵感，将中国古典美学与全新多媒体技术完美结合，参观者可拿起IPAD，通过RFID技术，识别植物信息，了解园林植物，获悉园林植物的培育条件、分布区域等相关知识。

特色展品

西周·刖人守囿车

厢式六轮车。车厢前左门扉立一刖掉左足的守门"刖人"，车周身有猴、鸟、虎等动物，象征"域养禽兽"的苑囿，与《周礼》中"刖人使守囿"的记载相吻合。

西周·逨鼎

鼎腹内319字的铭文，生动地叙述了在黎明时分，周天子（宣王）亲临宗庙宣谕对管治四方山林川泽官员逨的褒奖、赏赐、升迁的册命细节，堪称约近2800年前的国家最高"绿化奖杯"。

马家窑文化·漩涡纹彩陶罐

先秦时期，人们在改造自然的过程中所接触的自然物逐渐成为可爱的东西，它们的审美价值逐渐为人们所认识、领悟，这种对自然审美的趋向也表现在当时一些器物的纹饰中。

瓦当类

中国园林建筑多彩多样,其瓦当图案设计优美,字体行云流水,极富变化,有云纹、几何形纹、饕餮纹、文字纹、动物纹等,反映了不同时代皇家宫苑、寺观、私家园林的建筑风格与精致特征。

战国燕·双龙纹半瓦当

战国·饕餮纹半瓦当

战国燕·灰陶饕餮纹半瓦当

汉·灰陶上林半瓦当

秦代·鹿纹瓦当

汉·四神青龙纹瓦当

汉·四神玄武纹瓦当

汉·四神朱雀纹瓦当

汉·平阿乐宫瓦当

汉·上林苑瓦当

汉·与华相宜瓦当

汉·与华无极瓦当

汉代画像砖

画像砖是用拍印和模印方法制成的图像砖。源于战国时期,盛行于两汉,多在墓室中构成壁画,有的则用在宫室建筑上。

汉·灰陶铺首衔环纹、月牙、太阳、柿蒂纹画像砖

汉·组合纹样画像空心砖

汉·灰陶花卉纹画像砖

明·辋川真迹刻石

陕西蓝田文管所藏。线刻碑石六块,以线雕形式表现唐代王维辋川别业的二十处景观。此碑为北宋画家郭忠恕临王维《辋川图》真迹,表现唐代王维辋川别业的二十处景观,明代郭漱六镌刻。此为目前我国发现最早的辋川真迹刻石。

封泥

封泥是一种官印按于泥上作为实物和木制牍函封缄的凭证,主要流行于秦汉时期。"上林丞印、蓝田丞印、东园章丞"见证了那一时期苑囿的地位。

秦·重泉丞印　　　汉·严道桔园　　　汉·东园章丞　　　汉·东安平丞

汉·未央飤丞　　　汉·蓝田丞印　　　汉·□园□丞　　　汉·平阳苑印

金·"琴棋书画"浮雕砖(一组)

琴棋书画又称四艺,是中国古代文人所推崇和要掌握的四门艺术,主要指弹琴(多指古琴)、弈棋(多指围棋)、书法、绘画。在唐代张彦远所撰的《法书要录》中将"琴棋书画"并称。"琴棋书画"的内容常出现在宅园、建筑构件和生活用品的图案中。

汉·十六字铭文砖

汉代宫殿用砖。铭文：海内皆臣，岁登成郭，道无饥人，践此万岁。反映了帝王归农著本、希望天下一统等治国思想。

东汉·宅园画像砖

中国国家博物馆藏。传世和出土的东汉时期画像石、画像砖，很多是刻画住宅、宅园、庭院形象。此画像砖表现住宅建筑群，图中可见供观赏的禽鸟、类似"阙"的高楼等。

唐·《春苑捣练图》线刻画石槽

陕西长安县兴教寺藏。石槽侧面图案细腻生动，叠石流泉、竹树花卉、亭屋飞鸟，捣练宫女工作其间，砧声阵阵，形象地表现了唐代园林的风情。

唐·龙首建筑构件

大明宫遗址博物馆藏。唐代建筑的风格特点是气魄宏伟，严整开朗，此建筑构件反映了此时期皇家宫苑建筑的这一特点。

元·青白石莲瓣纹石盆

莲瓣纹是古代器具中流行的花纹装饰，始于春秋，盛于南北朝至宋。石盆是庭院艺术最直接体现和不可或缺的艺术品。此为元代私家庭院中雕刻莲瓣纹的陈设品。

庭院陈设品一组

庭院和园林中常用的石质陈设品，有各自不同的用途。这些陈设品大多表面纹饰精美，具有较高的观赏价值和使用价值。

清·雕花带铺首石鼓墩

清·雕花带铺首石鼓墩

明·青白石四面缠枝纹石盆连珊瑚石赏石

元·外翻口沿菱花形石盆

明·太湖石立峰赏石

太湖石千姿百态，是著名的园林用石之一，魏晋南北朝时期作为独叠石出现在庭院中，到宋代玩赏太湖石尤为盛行。此为庭院中供独立欣赏的太湖石。

清·汉白玉西番莲纹花台

花台造型典雅，雕刻精湛，四面刻绘国外植物西番莲图案，反映了清代园林中的中西合璧风格。

汉·绿釉陶楼

仿木结构建筑的陶制模型。东汉时期各地豪门大族常自行兴建大型高楼，体现"重堂高阁"气派。

汉·绿釉狩猎纹壶

狩猎题材曾在战国青铜器、汉代壁画、画像石和陶器中出现，反映了当时帝王、贵族的生活。

元·绿釉贴塑盖罐

瓷质盖罐始见于东汉，历代都有烧造。此件盖罐通体满施绿釉，器身装饰以各种纹饰，辅以贴塑。

明·黄釉青花葫芦瓶

山东省泰安岱庙藏。泰山三宝之一，题有"大明嘉靖年制"的楷书青花款。葫芦取谐音，寓意"福禄"，瓶上通体满绘缠枝莲纹，莲花怒放在缠枝上，寓意"寿意绵延"。

近代·英国制仿中式粉彩鱼形盘

以园林场景和园林植物等为主题的外销瓷盘，传到欧洲后对其园林营造和园林植物的应用产生一定的影响。

唐·铜镜

唐代铜镜在造型上突破了汉式镜的形式，创造出各种纹饰镜，如葵花镜、菱花镜等。盛唐以后铜镜的图案以花为主，多为吉祥图案。

清·园林人物青花图缸

四川峨眉山博物馆藏。缸面绘画中采用工笔勾勒出长廊、亭阁、花木等园林内容，图案反映了当时大户人家的奢华生活。

盆器

盆器在园林中一般指用于盆景的容器，是盆景艺术的组成部分。盆器不但要融于盆景之中，还须与盆景主题相协调。盆器上面多有文字图案和款识，匠人以阴刻、阳刻、线刻等技法，在盆上镌刻诗文和花鸟小品，盆底铭刻作者或作坊的钤印，汇集诗文、书画、印章于一体，是极富艺术魅力的文化产品，可与不同的花木相适配。

民国·紫砂兰花盆

清·士芬款长方形刻画盆

清·霁蓝描金开光粉彩山水花卉六方花盆

清·乌泥涡口云足圆盆

紫砂盆

宋·王希孟《千里江山图》卷

北京故宫博物院藏。图中除了表现自然山水的秀丽壮美外,还表现出宋代园林建筑的各种平面、各种造型、建筑组合形象,以及建筑在点缀风景中的作用。

明·米万钟《勺园修禊图》卷

北京大学图书馆藏。勺园是明代著名的画家、书法家米万钟的私园,约建成于明代万历年间。园内因水成景,堤环水抱,雅致简远。

清·弘旿《畿都水利图》卷

北京故宫博物院藏。此图卷以玉泉山开始,绘其水流源自西山,聚于昆明湖,流经长河,贯绕京城,于城东南入通惠河、潞河,反映了清乾隆年间(公元1736~1795年)北京地区水系分布与水利设施、风景地貌、苑囿城郭等情况,可以看出当时园林建设与水利之间的关系。

清·佚名《三山五园外营盘图》卷

国家图书馆藏。"三山五园"是对北京西郊一带皇家御苑的总称。三山一般是指万寿山、香山和玉泉山，五园指清漪园(颐和园)、静宜园、静明园、畅春园和圆明园。

清·袁耀《蓬莱仙境图》

北京故宫博物院藏。画家以宽阔的胸怀和超越的想象力，描绘出山川湖海吞吐日月的宏伟场面和壮丽景象。图中华丽严整的宫殿与雄伟而富有动感的山水巧妙地融合，浑然一体。

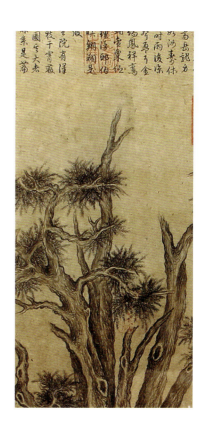

清·弘历《嵩阳汉柏图》轴

清乾隆十五年(公元1750年)，乾隆皇帝仿效尧舜禹巡狩"五岳"之典，奉皇太后并率亲王贝勒、文武大臣巡幸河南，行至嵩阳书院，观汉柏，眺嵩山诸峰，绘制此图，图中所书诗题为"汉柏行"，为乾隆巡游嵩山所写13首诗歌之一。

清·圆明园铜版画

国家图书馆藏。清雍正二年（公元1724年），郎世宁曾与法国传教士蒋友仁、王致诚等一起参与长春园内"西洋楼"的设计和工程督造，为装饰殿堂绘制了多幅作品。这组西式的铜版画成为清代宫廷建筑绘画全新技法的代表作，也成为研究圆明园的重要资料。

明·文徵明《浒溪草堂图》轴

辽宁博物馆藏。图绘吴邑沈天民的浒溪草堂，画面上高木浓荫，掩映草堂，群山环抱，清波蜓曲，榭阁屋宇错落，反映了文人雅致、闲适的园居生活。

现代·孙筱祥《黄山图》

北京林业大学孙筱祥教授捐赠。黄山是我国著名的风景名胜区，是世界自然与文化双重遗产，在中国历史上文学艺术的鼎盛时期曾受到广泛的赞誉，以奇、秀、险而闻名。

元·倪瓒《水竹居图》轴

中国国家博物馆藏。绘江南初秋景色。整个画面弥散着幽静、清凉的气氛,反映了文人的园居生活理想(左上)。

宋·赵佶《听琴图》

北京故宫博物院藏。展现了优雅意境,主人公背后画松树一株,茑萝攀附,枝叶扶疏,松下有竹数竿。主人公对面设小巧玲珑山石一块,上有一小古鼎,中插花枝一束,展现了雅致的园庭环境(右上)。

清·佚名《雍正十二月行乐图之三月赏桃》轴

北京故宫博物院藏。此图为十二条屏第三幅,即三月,绘雍正帝、嫔妃和文士于阳光明媚的春天,在宫苑、水榭赏花、观鱼等,反映了古代帝王闲适的园居生活(左下)。

清·郎世宁《平安春信图》轴

北京故宫博物院藏。图中所绘为雍正皇帝和皇子弘历(乾隆皇帝)品竹赏梅的情景(右下)。

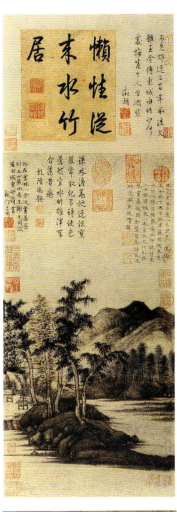

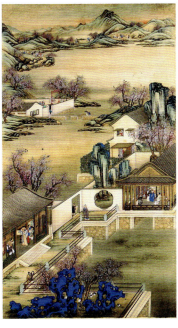

清·丁观鹏《法界源流图》卷

辽宁博物馆藏。公元1180年，大理国利贞皇帝段智兴命描工张胜温绘制《大理国梵像卷》。清代乾隆皇帝命人重新整理和临摹，由画师丁观鹏绘成《法界源流图》。图绘佛国净界、亭台楼阁、山水花草等，展现了富贵吉祥、福寿安康的美景。

民国·北平万寿山全景画卷

颐和园始建于18世纪中叶清朝全盛时期，1914年开始售票开放，1928年颐和园正式成为公园。此图描绘了民国时期北京颐和园的全景。

明·《文衡山西山游咏真迹》卷

文衡山即文徵明，书游西山诗十首。

现代·《泰山石刻大观》

泰山是中国的历史文化名山，它的内涵博大精深，其文化内涵也表现在历代石刻上。此为从现存1452处石刻中精选具有重要历史价值的石刻拓本汇集成册。

现代·《寄畅园画册》

寄畅园为无锡著名的历史园林。明代画家宋懋晋丹青寄畅园描绘五十景，为我们留下了明代秦园（寄畅园）的清丽风貌。

现代·《寄畅园法帖》

无锡市市政和园林局捐赠。无锡历史上著名的碑刻丛帖。清嘉庆六年（公元1801年），秦震钧将乾隆御赐《三希堂法帖》二十卷，以及秦氏家藏秦观、范成大、沈周、唐寅、祝允明、文徵明、董其昌等近百位名家墨迹，汇辑为《寄畅园法帖》，刻于石上，供家塾楷模。

元·王实甫《西厢记》

《西厢记》全名《崔莺莺待月西厢记》，是古代经典戏剧作品，曲词华艳优美，富有诗的意境，书中描写的爱情故事与园林环境密不可分。园林作为戏曲故事发生的重要场景，因其自身相对综合、感性而符合了含蓄内敛的戏曲创作者表达情感的需要，成为戏曲故事情节发展的承载体。

清·《芥子园画谱》

清代李渔在南京营造"芥子园",其婿沈心友及王氏三兄弟(王概、王蓍、王臬)编绘画谱时,即以此园名之。此画谱在中国绘画史和园林发展史中均占有重要位置。

近代·杭州楼外楼菜谱

楼外楼是杭州西湖畔的老字号,创建于清道光二十八年(公元1848年)。建筑、美食、山色湖光融为一体。

宋·李明仲《营造法式》

北宋官定建筑设计和施工专著,作者李明仲即李诫(公元1035～1110年)。公元1103年,宋徽宗亲自颁布诏书,批准这套书刊行,此书为我国古代最完整的建筑技术书籍。

晋·嵇含《南方草木状》、北魏·贾思勰《齐民要术》

《南方草木状》是我国现存最早的关于岭南地区草、木、果类植物的专著。书中有关于植物产地和引种历史等的记载，是研究古代岭南植物分布和原产地的重要资料。《齐民要术》是北魏时期的综合性农书，其中论及花卉栽培的情况。

清·张宝《泛槎图续》、《泛槎图卷》

清代版画图籍，收有各地名胜风景版画103幅，反映了各地的风景名胜和园林。

明·计成《园冶》

国家图书馆藏。《园冶》是中国历史上第一部全面系统地总结和阐述造园法则与技艺的著作。书成于明崇祯四年（公元1631年），刻印于明崇祯七年（公元1634年）。后流入日本，在日本被称为《夺天工》。

明·林有麟《素园石谱》

迄今存世最早、篇幅最宏大的画石谱录。全书四卷，收录石品103种，反映了文人园林对石品的重视程度和文人高雅的鉴赏品味。

民国·《文待诏拙政园图》（英文）

明文徵明绘，英国人凯特·克尔贝（Kate Kerby）撰文，莫宗中译。明嘉靖十年（公元1531年），文徵明为王氏作《拙政园图咏》册页，绘园中三十景，并各系以诗。

民国·《家庭小丛书第一种——庭园术》

民国时期，人们开始逐渐认识到园林的重要性，造园和庭院绿化等观念日渐普及，一些介绍造园和家庭园艺的图书开始出现。

民国·《中央公园廿五周年纪念刊》

北京中山公园提供。中央公园于1914年正式开放。1939年朱启钤主持出版的《中央公园廿五周年纪念刊》反映了当时公园的盛况。

民国·陈植《国立太湖公园》

1929年，陈植受当时农矿部委托，将介于江苏、浙江两省之间面积3.6万hm²的太湖规划为"国立太湖公园"，规划方案参照国际上国家公园规划理论与营建体制，这是中国首次进行国家公园的规划。

清·农事试验场场旗

北京动物园提供。清末农事试验场筹建时，将龙旗设为场旗。

清·农事试验场启用关防的奏折

中国第一历史档案馆藏。清光绪三十三年四月二十九日(公元1907年6月9日)，农工商部奏请颁给关防，随后清政府正式颁给"农工商部农事试验场"木质关防一颗，农事试验场从此可以正式对外联系业务。

民国·燕京大学校园规划方案

燕京大学创办于1919年，其校园系在明清时期勺园等名园的遗址上规划建设而成。燕京大学的校园即今天北京大学主校园——燕园。美国建筑师亨利·墨菲（Henry Killam Murphy）为燕京大学进行校园的总体规划和建筑设计。

民国·南通博物苑图

南通博物苑位于江苏省南通市，由中国早期现代化的先驱、晚清状元张謇于1905年创办，是中国人独立创办的第一座博物馆，是一所融西方近代博物馆与中国传统园林艺术为一体的综合博物馆，采用了馆、园结合的布局方式。

民国·中国营造学社园林研究相册

中国营造学社创建于1930年，朱启钤任社长，梁思成、刘敦桢分别担任法式、文献组的主任。营造学社从事古代建筑实例和古典园林等的调查、研究和测绘，以及文献资料搜集、整理和研究，为著名学术团体。

民国·武汉琴园门票

琴园始建于1916年，是当时宦游武汉的浙江永嘉人任桐的私家园林。

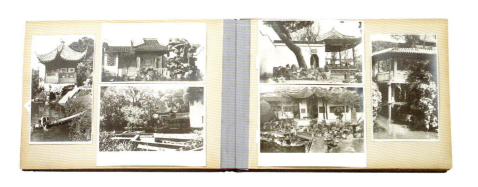

现代·北京市总体规划图（1958）

北京市都市计划委员会于1953年编制完成新中国首都第一个总体规划方案——《改建与扩建北京市规划草案》。1957年春，都市规划委员会拟定《北京城市建设总体规划初步方案（草案）》，初步形成了比较完整的规划体系。1958年9月，北京市都市规划委员会又对上报的规划草案进行了修改，并草拟了《北京市总体规划说明（草稿）》。

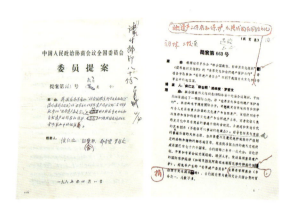

现代·关于风景名胜区的全国政协提案

中国风景名胜区协会捐赠。1985年12月，在侯仁之、阳含熙、郑孝燮和罗哲文4位政协委员提议下，中国正式加入《保护世界文化和自然遗产公约》。

现代·北京市划拨42块土地用于公园建设的文件

新中国成立后，政府高度重视城市环境改善。1959年北京市一次性划拨42块土地用于公园绿地建设，反映了新中国第一代领导对园林建设的重视。

现代·"北京航空遥感综合调查应用"获奖证书

北京市园林科学研究院提供。1983～1986年，地质矿产部、城乡建设环境保护部和北京市政府有关部门(市环保所、市监测中心、8个城近郊区环境监测站、市规划院、市园林局、市农科院、市地质局、市气象局科研所等)协作，完成了北京航空遥感综合调查应用研究(8301工程)。利用航空遥感技术拍摄了北京地区水土资源利用、环境地质、环境污染、生态状况、热岛效应、绿化交通等城市建设和环境地质的现状资料，提供了北京规划市区城市土地利用状况、城市绿化覆盖率等许多准确数据。李嘉乐先生率先将成果应用到园林科研中，该课题获1987年国家科技进步一等奖。

现代·刊登钱学森论园林文章的《人民日报》

1958年3月1日钱学森在《人民日报》发表《不到园林怎知春色如许——谈园林学》，总结了我国园林的特点，提出了在新时代园林建设对于祖国发展的重要性，并主张建立"园林学"的学科系统。20世纪80年代又发表了《再谈园林学》和《园林艺术是我国创立的独立艺术部门》等文，提出了建设山水城市、城市大园林等构想，对园林学科与城市环境建设产生了重要影响。

现代·《中国花经》手稿

程绪珂先生、杨乃琴先生捐赠。《中国花经》以"中国的花卉"为题，全面介绍中国花卉的发展历史和现状等，由陈俊愉和程绪珂主持编著，是现代中国园林植物的重要著作，1990年由上海文化出版社出版。此为中国工程院院士陈俊愉教授的手稿。

现代·上海人民公园图纸及照片

上海市绿化和市容管理局捐赠。1949年上海解放以后，上海市人民政府将跑马厅收归国有，1950年，由陈毅市长代表市政府宣布把跑马厅的南半部建造为人民广场，北半部改造为人民公园，并由陈毅亲笔题写园名。此为当时人民公园的规划设计图纸。

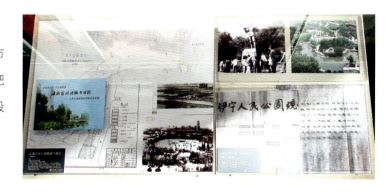

现代·关于建设国家植物园的联名信及国务院批复文件

北京植物园提供。1953年，中科院植物研究所胡叔良、董保华、王文中等十个年轻人联名给毛主席写信，提议在北京建设国家级植物园。1956年，国务院以国秘（习字）第98号文，正式批准建设北京植物园，并在卧佛寺附近划定了北京植物园永久园址规划范围。

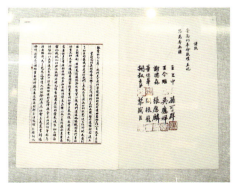

现代·北京动物园"大熊猫人工授精"获奖证书

北京动物园提供。1978年,北京动物园刘维新、叶掬群、李成忠等完成了大熊猫人工授精繁殖试验研究,当年诞生了2只人工授精繁殖的大熊猫幼兽。中国首次人工繁殖大熊猫获得成功,在国内外产生了重大影响。

现代·园林学术著作

孟兆祯先生、程绪珂先生捐赠。1951年汪菊渊与吴良镛两位先生设立造园组,由此园林学科开始创立并不断发展,老一辈园林专家为行业的发展作出了卓越的贡献。

现代·增设风景园林学为工学门类一级学科的论证报告

北京林业大学园林学院捐赠。风景园林学是承载人类文明尤其是生态文明的重要学科,在资源环境保护和人居环境建设中发挥着独特而不可替代的作用。2011年3月,国务院学位委员会、教育部公布的《学位授予和人才培养学科目录(2011)》,风景园林学正式成为一级学科,标志着风景园林学科社会地位和影响力的提升。

现代·国际大学生景观设计竞赛(IFLA)获奖作品及证书

北京林业大学刘晓明捐赠。1990年,北京林业大学学生刘晓明获国际大学生景观设计竞赛(IFLA)第一名暨联合国教科文组织大奖,此为我国大学生首次获此殊荣。

清·"春在堂"匾额

清代曾国藩题。春在堂为清代文学家俞樾以文会友和讲学之处。取名为春在堂,系园主人追忆廷试"落花"之句,体现"花落春仍在"的意境。

清·"闻木樨香"匾额

闻木樨香轩是留园内建筑,为传统园林中反映佛教思想的具体实践,取意宋代黄庭坚和晦堂禅师"闻木樨香"的禅宗典故。

清·"水镜台"匾额

水镜台为山西晋祠内现存的明清戏台。此匾为晋祠三大名匾之一,由清代翰林、书法家杨二酉所题。

清·网师园濯缨水阁对联

清代郑板桥题。联文内容为:"曾三颜四,禹寸陶分"。取意孔子弟子曾参"三省其身"、颜回"四勿"(非礼勿视、非礼勿听、非礼勿言、非礼勿动)以及东晋陶侃"大禹圣者乃惜寸阴,至于众人当惜分阴"的说法。

清·琉璃建筑构件（一组）

香山公园提供。琉璃是中国传统建筑中的重要装饰构件，通常用于宫殿、庙宇、陵寝等重要建筑。

宋·平江府图碑

平江府即今之苏州。南宋理宗绍定二年（公元1229年）郡守李寿朋重整坊市后所刻，是现存年代最早的苏州城图，图中可见园林遍布城中。

清·"真趣"匾额

苏州狮子林藏。此匾为苏州狮子林真趣亭内匾额。"真趣"二字为清代乾隆皇帝游狮子林时御笔所题。

现代·"奇石宴——满汉全席"戈壁玛瑙观赏石

鄂尔多斯市政府捐赠。128件酷似美味佳肴的戈壁玛瑙奇石，组成了包括"烤全羊"、"四喜丸子"等108道菜品的满汉全席。

明·铁桩、铁链

华山风景名胜区管理委员会藏。华山是我国著名的五岳之一，以奇险峻秀而驰名天下，因其险，唐代之前很少有人登临。唐代时随着道教兴盛，道徒开始居山建观，逐渐在北坡沿溪谷而上开凿了一条险道。此为明代登山道路旁的保护设施。

现代·刊载"实现大地园林化"的《人民日报》

1958年8月，毛泽东提出："要使我们祖国的山河全部绿化起来，要达到园林化，到处都很美丽，自然面貌要改变过来"。同年11~12月，中国共产党八届六中全会指出"应当争取在若干年内，根据地方条件，把现有种农作物的耕地面积逐步缩减到三分之一左右，而以其余的一部分土地实行轮休，种牧草、肥田草，另一部分土地植树造林，挖湖蓄水，在平地、山上和水面，都可以大种其万紫千红的观赏植物，实行大地园林化"。

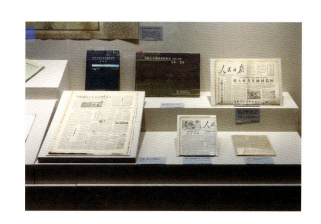

现代·国家级风景名胜区徽志

中国风景名胜区协会捐赠。徽志为圆形图案，中间部分系万里长城和自然山水缩影，象征伟大祖国悠久、灿烂的名胜古迹和江山如画的自然风光；两侧由银杏树叶和茶树叶组成的环形镶嵌，象征风景名胜区和谐、优美的自然生态环境。图案上半部英文"NATIONAL PARK OF CHINA"，直译为"中国国家公园"，即国务院公布的"国家级风景名胜区"；下半部为汉语"中国国家级风景名胜区"全称。

现代·新优园林植物种子、标本

　　园林植物是现代园林绿化建设的重要元素，在园林工作者的不懈努力下，通过引种驯化、育种等手段培育出了众多的园林植物新优品种，丰富了城市园林植物的资源。

现代·植物种子标本

　　中国医学科学院药用植物研究所捐赠。中国植物资源丰富，传统药用植物中大部分既有药用效果，又具有美丽奇特的花、叶、果等，具有很高的观赏价值。

现代·"九龙戏水"镂空竹雕

北京周国良捐赠。雕刻精美的室内陈设装饰品。

清·黄铜鲁班尺

全称"鲁班营造尺",为古代建造房宅时所用的测量工具,一般用于量度和确定住宅门户和家具的尺寸。鲁班尺一尺均分为八寸,寸上都写有各种表示吉凶含义的用语。

清·铜狮、铜犼

北京动物园提供。在古代皇家宫殿和园林中,有许多不同类型的陈设品,有不同的功能。此为清代皇家园林中陈设的铜狮、铜犼。

清·《娑罗树歌》碑拓片

香山公园提供。原碑为正四方体,乾隆三十八年(公元1773年)御制,碑首为四龙脊,碑身用满、汉、蒙、藏四种文字镌刻《娑罗树歌》,其方向分别为东侧刻满文,南侧刻汉文,西侧刻藏文,北侧刻蒙文。须弥座四角精雕金刚力士呈跪姿托碑状。

明·成化御制禁止采煤碑拓片

北京潭柘寺捐赠。明宪宗朱见深(公元1447~1487年)撰,原碑位于北京戒台寺钟楼北侧。青石敕谕碑,立于明成化十五年(公元1479年),额雕双螭,篆"敕谕",碑周雕精美的行龙。碑文记明宪宗降旨为戒台寺明确划定东西南北四至,并禁止挖窑、破坏山林,此碑是我国迄今发现的级别最高、年代最早的禁止采煤碑。

清·康熙御制禁止采煤碑拓片

北京潭柘寺捐赠。原碑位于北京戒台寺。清康熙二十四年(公元1685年),康熙帝巡视西山留住戒台寺时,发现寺周山民挖矿采煤,对戒台寺危害极大,以至于庙宇损坏,禅林危机,于是降圣谕,并立碑为戒,令戒台寺周围禁止凿山采石。这块碑也被后人誉为"名山之护符,禅门之宝诰。"

民国·戒台寺禁矿碑拓片

北京潭柘寺捐赠。原碑立于戒台寺天王殿前北侧。青白石质。螭首,额篆"戒坛寺禁矿记"。碑阴镌刻为禁止在戒台寺附近采煤奔走呼吁的46人姓名。

现代·峨眉山金顶铜碑拓片

唐代褚遂良（公元596～658年）书。原碑为明万历年间（公元1573～1619年）妙峰禅师修建金殿时所铸，是全山仅存的古代铜碑。碑文为唐代傅光宅撰，褚遂良书，详细记录了普贤铜殿建造的缘起、规模和建成后十方信众朝拜金顶的盛景。

民国·《莲花石公园记》碑拓片

原碑位于秦皇岛北戴河区联峰山公园内观音寺西南，碑阳刻有徐世昌书诗一首，碑阴为朱启钤撰文、许世英手书的《莲花石公园记》，记述了北戴河海滨的开辟与辟建莲花石公园的经过。

民国·《中央公园记》碑拓片

北京中山公园提供。朱启钤撰，1928年由董事孟玉双手书。民国初年时任北洋政府内务总长的朱启钤发起"公园开放运动"，首先把明清两朝的皇家社稷坛改建成中央公园，于1914年10月10日正式开放，朱启钤为此撰《中央公园记》。

清·禁采煤石碑

北京植物园提供。清代西山地区为防止采煤破坏环境所立碑。碑文："山前龙脉之地，奉旨永禁开煤。若有光棍偷挖，立时解拿，按律治罪。康熙四十四年八月×日，西城兵马司勒石。"

典藏珍品

宋石遗韵——青莲朵

　　青莲朵是历史上著名的园林名石，系南宋临安（今杭州）德寿宫中故物，原名"芙蓉"，后置于清代皇家园林。800多年历史的太湖石，高1.7m，周围3m，石上沟壑遍布，质地细密，上刻乾隆御笔"青莲朵"三字。乾隆十六年（公元1751年），乾隆皇帝奉皇太后第一次南巡时，在杭州吴山的宗阳宫游览，发现此奇石，十分喜爱，与此石结缘并吟诗曰："临安半壁苟支撑，遗迹披寻感慨生，梅石尚能传德寿，苕华又见说蓝瑛；一拳雨后犹余润，老干春来不再荣，五国内沙埋二帝，议和喜乐独何情。"此石随后运至京师。乾隆降旨置于长春园的茜园中，并命名为"青莲朵"。

巨树化玉——硅化木

　　硅化木也称木化石。数亿年前的树木因种种原因被深埋地下，在地层中，树干周围的化学物质如二氧化硅、硫化铁、碳酸钙等在地下水的作用下进入到树木内部，替换了原来的木质成分，保留了树木的形态，经过石化作用形成了木化石。因为所含的二氧化硅成分多，所以，常常成为硅化木。中国园林博物馆展示的硅化木产于新疆奇台，长达38m，根部重约15t，是当今极为罕见的巨型树木化石。

苍松迎客——植物生态墙

　　植物墙长28.4m，高8.9m，总面积达252.8m²。在技术上采用人工栽培基质替代土壤栽培，依托智能化的灌溉系统，定时、定量、循环供应水分以保证植物正常生长，是目前我国室内应用展示最大的一件作品。原型取自中国经典山水画题材——黄山迎客松，通过数十种植物不同的色彩、质感，展现优美的自然风光。

圆明盛景——全景式巨型立雕圆明园沙盘

上海雕刻大师阚三喜历时14年创作，按照盛时的"圆明园"实景，以1：150的比例制作完成，把全盛时期的"圆明园"雄伟壮丽的风景，锦绣山河的神韵，一览无遗地展现在世人面前。整座作品长18m，宽14m，外包面积250m²、净面积154m²。有大小各异的山250座，各类建筑近2000座，各式桥梁180座，各种规格、用途的园门30座，船坞9所，各式游船200艘，各式树木10000棵，各类人物3000个。各式建筑采用紫檀木、红酸枝、瘿木、绿檀、黄杨木、寿山石、青田石、昌化石、巴林石等镶嵌制作，建筑类型有殿、馆、斋、堂以及楼、阁、亭、榭。屋顶形式有庑殿、歇山、硬山、悬山、单卷、双卷以至五卷，还有单檐、重檐等形式。在2000幢各式建筑中有近10万扇门窗，均采用榫卯连接，而且均可开启，许多屋面采用各色天然名贵木材镶嵌成各式图案，再精雕细刻成各种式样的瓦片，瓦片总数达1亿片之多。西洋楼建筑配有四座大型自动喷泉群，和19座小型喷水池，共有大小喷泉23组，喷头近500个，均可自动循环或一起喷水。如海晏堂的十二生肖，和两旁环形楼梯扶手上64个莲花喷水口，均可自动喷水，喷嘴口径只有0.2mm，为微型喷泉之最。

海外珍奇——海椰子（果实）

塞舌尔政府捐赠。海椰子（*Lodoicea maldivica*）亦称复椰子，是非洲塞舌尔普拉兰岛及库瑞岛的一种特有棕榈科植物。雌雄异株，雄花着生于巨大的肉质穗状花序上，果实倒卵形，是世界上最大的种子，造型奇特。

天成巨卵——象鸟卵

象鸟是世界上存在过的最大鸟类，大约灭绝于17世纪。象鸟卵是世界上最大的鸟卵，具有重要的研究和收藏价值，是传播生态和环境保护理念及普及生物多样性的重要历史见证物。中国园林博物馆收藏的这枚象鸟卵高度为31cm，直径为23cm，是现存品相最完好的一枚。

岁寒三友——博物馆入口植物景观

位于中国园林博物馆入口处，取自传统题材"岁寒三友"，植物选择梅花、竹子和油松。中国园林博物馆部分基础位于首钢废弃钢渣填埋场上，"配石"由挖出的首钢废弃钢渣石组合而成，以生态、环保创作理念，化腐朽为神奇，体现自然成趣的景观意境。

造化天成——云盆石

云盆是岩洞里的岩石，经千百年的滴水，与其他因素巧妙的协同作用下，经漫长岁月叠合而成盆状形态的石头，是园林中重要的景观元素。

不朽传奇——胡杨

胡杨是杨柳科杨属植物，是新疆古老的珍奇树种之一，是荒漠区重要的植物资源。胡杨具有顽强的性格和独特的美，人们赞美胡杨"活着昂首一千年，死后挺立一千年，倒下不朽一千年"，成为沙漠中不朽的传奇。

江山形胜——竹鞭

竹是传统园林中重要的观赏植物，具有重要的景观、文化、生态等诸多价值。竹鞭是指竹子细长的地下茎，横走于底下，竹鞭上有节，节上生根，竹鞭在地下不断延伸，形成了壮观的地下景观，因此竹的生命力也特别顽强。外形似姜，故取谐音江山。

木海观鱼——金鱼观赏

木海是一种专门饲养金鱼的木质容器，采用箍木桶或木盆的工艺方法，用整齐的木板捆扎而成。木海直径一般为1.5~2m，深度30~50cm。木海观鱼是传统的金鱼观赏文化景观。

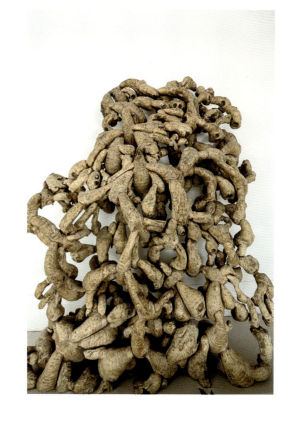

植物展示

园林植物是中国传统造园的基本要素，正是因为有着丰富的植物资源，中国被称为"世界园林之母"。中国园林博物馆室内外环境占地约2.4hm²，栽植了包括落叶乔木、常绿乔木、竹类、灌木、藤本、花卉、地被及水生植物等七大类近二百多种植物，是中国园林博物馆展陈系统的重要组成部分。

根据博物馆不同区域的环境因子，在中国园林博物馆的展陈空间内分别展示了乡土植物、传统植物和新优植物，如皇家园林常见植物油松、白皮松、银杏、玉兰、西府海棠、楸树、木瓜、牡丹、荷花等；北方寺庙园林珍贵植物七叶树（菩提树）、金镶玉竹、玉镶金竹、白丁香等；南方私家园林常见植物罗汉松、广玉兰、榔榆、桂花、梅花、紫薇、蜡梅、竹子等。室外展区展示了北京地区乡土树种如侧柏、栾树、元宝枫、白桦、黄栌等树种，以及粗榧、山茱萸、文冠果、马褂木、菊花桃等特色园林植物，还有耐热白桦、品种丁香等一些新、优、奇、特园林植物。余荫山房展园内80余年树龄的炮仗花、来自颐和园的百年以上树龄的宫廷古桂、来自戒台寺300年树龄的白牡丹，或独立成景，或与环境相衬，形成一幅幅生动的画面。

油松

藏品撷珍 215

菊花桃

流苏

玉兰

碧桃

帚桃（照手桃）

七叶树、元宝枫

金叶接骨木

金丝垂柳

山茱萸

美人梅

"品霞"山碧桃

龙枣　　　　　　　　　　　　郁李

山楂

山樱

金镶玉竹

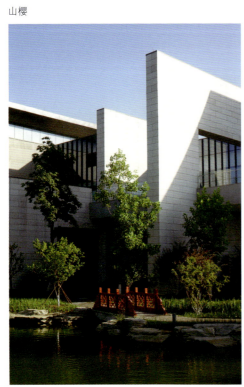
楸树

金枝白腊

紫丁香

金园丁香

云南紫荆、榆叶梅

王族海棠

太平花

紫叶李

连翘

芍药

月季

地锦

红王子锦带

火炬树

芭蕉

枇杷叶荚蒾

戒台寺百年牡丹

平枝枸子

贴梗海棠

蜡梅

荷花

红蓼　　紫珠

大叶铁线莲　　金鸡菊

黄栌、火炬树

菊花

京西稻

大花葱

百日菊

棣棠、硫华菊

黑心金光菊

福禄考

地被菊

动物展示

　　动物是中国古代园林的组成要素之一，飞禽走兽给美丽如画的山水园林增添了无限生机与活力，动物的存在使得园林真正产生了返璞归真、生机勃勃的美妙意境。在"囿"这种古代园林的雏形中，饲养和观赏鸟兽禽鱼就成为重要的内容，早期的园林动物主要用于狩猎、通神、食用、观赏。随着园林的发展，动物逐渐成为重要的观赏游乐对象。在中国园林博物馆的固定展厅中，设置了动物主题的展览内容，在博物馆公共空间和室内展园中则展出了观赏鱼类及赤麻鸭等各种禽鸟，在室外展区还展示了白天鹅和黑天鹅，这些动物成为中国园林博物馆的主要观赏特色之一。

锦鲤

大天鹅

黑天鹅

蓑羽鹤

大天鹅

绿头鸭（幼体）

大天鹅

斑头雁

赤麻鸭

赤麻鸭　　　　　　　　　　　　　　　　　　　赤嘴潜鸭

雁鹅、斑头雁　　　　　　　　　　　　　　　　雁鹅、斑头雁

绿头鸭、黑天鹅、大天鹅　　　　　　　　　　　赤麻鸭

黑天鹅、赤麻鸭

大天鹅

绿头鸭

鸳鸯、锦鲤

鸳鸯（雌、雄）

赤麻鸭

斑头雁

绿头鸭

大天鹅

大天鹅、绿头鸭

鸳鸯（雌、雄）

山石展示

山石是中国传统园林的重要内容，不仅是堆叠假山的重要元素，也是重要的独立成景要素。在中国园林博物馆的展陈体系中，综合展示了各种类型的山石。复建的室内庭院中选用当地特色石材，其中畅园和片石山房选用南太湖石，材料均选自江苏当地，尤其以叠石为特色的片石山房在石材选择上更是精益求精；余荫山房则选用广东当地英石，以保证余荫山房材料和工艺的原真性；以展现北方山地园林特色的室外展区染霞山房中石材主要选用北方黄石，步道采用青石；室外展区塔影别苑的水体驳岸大部分采用青石，半亩轩榭展区局部采用南太湖石与建筑水体结合。另外，在博物馆展厅内及"春山"和"秋水"序厅中分别展示了太湖石、笋石、宣石、灵璧石等传统石材以及不同的掇山、置石手法，成为中国园林博物馆环境建设和展览展示的重要特色。

北太湖石

黄石、青石

太湖石

笋石

青石

英石

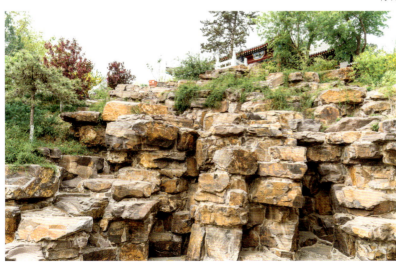
黄石

园林建筑

园林建筑是园林的重要组成部分，它与山、水、植物有机结合，情景交融，构成优美的风景画卷。"源于自然，高于自然"是中国园林创作的基本思想，而园林建筑正是情景交融的结合点。

园林建筑是建造在园林中供人们游憩或观赏用的建筑物，常见的有亭、榭、廊、阁、轩、楼、台、舫、厅堂等。园林建筑在园林中主要起到以下几方面的作用：一是造景，即园林建筑本身就是被观赏的景观或景观的一部分；二是为游览者提供观景的视点和场所；三是提供休憩及活动的空间；四是作为主体建筑的必要补充或联系过渡。在中国园林博物馆的展陈空间中，展示了各种建筑式样，建筑与其他园林要素巧妙地结合，展现了中国园林的艺术之美。

扇面亭

石舫

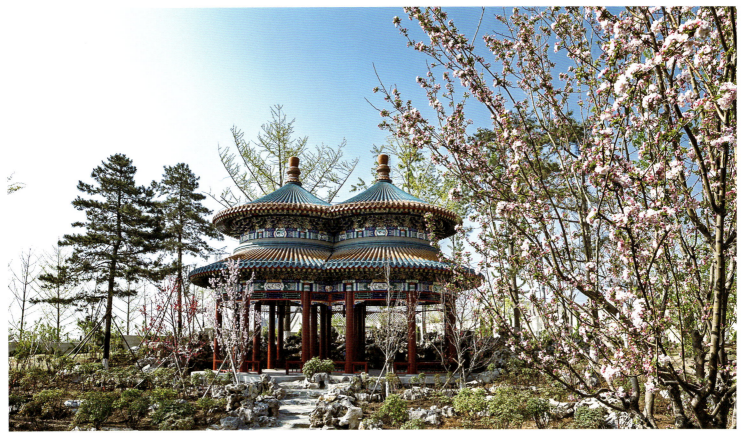

双环亭

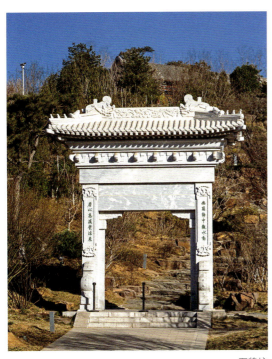

石牌坊

牌坊

园桥

园桥

园桥

戏台

重檐亭

石桥

楼阁

影壁

致谢
Acknowledgements

国家住房和城乡建设部	北京林业大学	北京市园林古建工程公司
北京市市委	天津大学	北京方圆工程监理有限责任公司
北京市市政府	中国建筑工业出版社	北京中平建工程造价咨询有限公司
		北京中平建华浩会计师事务所有限公司
北京市园林绿化局	全国各省、自治区、直辖市住房	苏州园林设计院有限公司
（园博会组委会办公室）	和城乡建设厅与园林主管部门	苏州园林发展股份有限公司
北京市丰台区人民政府	中国风景园林学会	扬州古典园林建设有限公司
（园博园筹备办公室）	中国风景名胜区协会	棕榈园林股份有限公司
北京市发展和改革委员会	中国公园协会	北京清尚建筑装饰工程有限公司
北京市财政局	上海风景园林学会	北京天图设计工程有限公司
北京市规划委员会	南京市园林学会	北京保发津梁装饰工程有限公司
北京市住房和城乡建设委员会		北京方略博华文化传媒有限公司
北京市机构编制委员会办公室	国家图书馆	中央新闻纪录电影制片厂
北京市科学技术委员会	中国国家博物馆	伟景行科技股份有限公司
北京市文物局	故宫博物院	北京水晶石数字科技股份有限公司
北京市人力和社会保障局	首都博物馆	
北京市市政市容管理委员会	中国抗日战争纪念馆	颐和园
北京市经济和信息化委员会	中国美术馆	天坛公园
北京市交通委员会	中国科技馆	北海公园
北京市水务局	中国电影博物馆	中山公园
北京市商务委员会	中国地质博物馆	香山公园
北京市文化局	中国农业博物馆	景山公园
北京市审计局	中国航空博物馆	北京植物园
北京市人民政府外事办公室	中国邮政邮票博物馆	北京动物园
北京市安全生产监督管理局	中国钱币博物馆	陶然亭公园
北京市旅游局	北京汽车博物馆	紫竹院公园
北京市人民政府台湾事务办公室	中国消防博物馆	玉渊潭公园
北京海关	北京天文馆	北京市园林学校
北京铁路局		北京市园林科学研究院
北京市共青团	北京市建筑设计院有限公司	北京市公园管理中心党校
北京市公安局公安交通管理局	北京山水心源景观设计院有限公司	北京市公园管理中心机关后勤服务中心
北京市城市管理综合行政执法局	北京建工集团有限责任公司	
北京出入境检验检疫局	北京市花木有限公司	
北京市电力公司	北京市金都园林绿化有限责任公司	

专家顾问名录（按姓氏笔画排序）

王凤武	王秉洛	王春城	王香春	王磐岩	甘伟林	左小萍	厉色	龙雅宜	朱钧珍
刘燕	刘秀晨	刘怀山	刘超英	刘景樑	齐玫	孙筱祥	严玲璋	李雄	李蕾
李永革	李存东	李逢敏	杨雪芝	吴振千	何玉如	余树勋	宋春华	宋维明	张宇
张光汉	张如兰	张佐双	张启翔	张治明	张树林	张济和	陈敏	陈向远	陈俊愉
陈晓丽	陈蓁蓁	罗铭	罗哲文	周干峙	周在春	周茹雯	周晓陆	郑孝燮	孟兆祯
赵知敬	胡运骅	柯焕章	柳尚华	宣祥鎏	姚安	耿刘同	郭晓梅	唐学山	曹南燕
崔学谙	董保华	韩永	景长顺	程绪珂	谢辰生	谢凝高